DR. OETKER

PARTY ROULADEN

MINIROULADEN, PUTENRÖLLCHEN, HACKFLEISCHROULADE ...

DR. OETKER

PARTY ROULADEN

MINIROULADEN, PUTENRÖLLCHEN, HACKFLEISCHROULADE …

Dr. Oetker Verlag

Vorwort

Die klassisch deutsche Rinderroulade, eine dünn geschnittene Scheibe Rindfleisch, gefüllt mit Speck, Zwiebeln, Gewürzgurken und Senf, aufgerollt und geschmort, kennt fast jeder.

In diesem Party-Buch zeigen wir Ihnen, wie vielfältig die Möglichkeiten sind, Kalb-, Schwein-, Rind-, Wild-, und Geflügelfleischscheiben sowie Fisch und Gemüseblätter zu füllen, aufzurollen und zu schmoren.
Köstliche Rezeptideen wie z. B. panierte Rouladen, Hähnchenrollen mit Schafkäse-Gemüse-Füllung oder Rotkohlrouladen mit Grünkernfüllung werden Ihre Gäste zum Staunen bringen. Auch Sie werden überrascht sein, wie lecker und abwechslungsreich Rouladen schmecken können und welch wunderbare Saucen dabei entstehen.

Alle Rezepte sind wie immer nachgekocht und so beschrieben, dass sie Ihnen gelingen.

Abkürzungen

EL	= Esslöffel
TL	= Teelöffel
Msp.	= Messerspitze
Pck.	= Packung/Päckchen
g	= Gramm
kg	= Kilogramm
ml	= Milliliter
l	= Liter
Min.	= Minuten
Std.	= Stunden
evtl.	= eventuell
geh.	= gehäuft
gestr.	= gestrichen
TK	= Tiefkühlprodukt
°C	= Grad Celsius
Ø	= Durchmesser
E	= Eiweiß
F	= Fett
Kh	= Kohlenhydrate
kcal	= Kilokalorien
kJ	= Kilojoule

Hinweise zu den Rezepten

Die Rezepte sind – wenn nicht anders angegeben – für 8–10 Personen berechnet. Lesen Sie bitte vor der Zubereitung das Rezept einmal vollständig durch. Oft werden Arbeitsabläufe oder -zusammenhänge dann klarer.

Die in den Rezepten angegebenen Gartemperaturen und -zeiten sind Richtwerte, die je nach individueller Hitzeleistung des Backofens über- oder unterschritten werden können. Bitte beachten Sie deshalb bei der Einstellung des Backofen die Gebrauchsanweisung des Herstellers.

Zubereitungszeiten

Die Zubereitungszeit beinhaltet nur die Zeit für die eigentliche Zubereitung, Gar- und Backzeiten sind gesondert ausgewiesen. Längere Wartezeiten wie z. B. Kühl- und Auftauzeiten sind nicht einbezogen.

Rinderrouladen mit Meerrettich

Zubereitungszeit: 45 Min.
Schmorzeit: etwa 1 3/4 Std.

Pro Portion:
E: 44 g, F: 30 g, Kh: 7 g, kJ: 1969, kcal: 471

- **500 g Porree (Lauch)**
- **200 g Möhren**
- **8 Rinderrouladen (je 180 g, aus der Hüfte)**
- **Salz**
- **frisch gemahlener Pfeffer**
- **2 Gläser geriebener Meerrettich (Einwaage je 95 g)**
- **8 Scheiben Katenrauchschinken (je 25–30 g)**
- **40 g Butterschmalz**
- **500 ml (1/2 l) heiße Gemüsebrühe**
- **1–2 Lorbeerblätter**

- **2 gestr. EL Weizenmehl**
- **150 ml Schlagsahne**
- **Zucker**

Außerdem:

- **Holzstäbchen oder Küchengarn**

1 Porree putzen, die Stangen längs halbieren, waschen und abtropfen lassen. Die weißen und die hellgrünen Teile in sehr feine Streifen schneiden. Die grünen Teile in breite Streifen schneiden. Möhren putzen, schälen, waschen, abtropfen lassen und in Scheiben schneiden.

2 Rouladenfleisch abspülen und trockentupfen. Mit etwas Salz und Pfeffer bestreuen. Drei Viertel des Meerrettichs auf den Rouladenscheiben verteilen. Je eine Scheibe Schinken und etwas von den feinen Porreestreifen nacheinander auf die Rouladenscheiben geben. (Sehr breite Schinkenscheiben auf Rouladenbreite zurechtschneiden.) Die Rouladen von der schmalen Seite her fest aufrollen. Mit Holzstäbchen oder Küchengarn zusammenhalten.

3 Butterschmalz in einem Bräter oder in einer großen Pfanne erhitzen. Die Rouladen von allen Seiten darin anbraten und herausnehmen. Die Brühe zum Bratensatz gießen und zum Kochen bringen, bis sich der Bratensatz gelöst hat. Rouladen wieder in den Bräter oder in die Pfanne geben. Die breiten Porreestreifen, Möhrenscheiben und Lorbeerblätter hinzugeben. Die Rouladen zugedeckt bei schwacher Hitze etwa 1 3/4 Stunden schmoren.

4 Die garen Rouladen herausnehmen (Holzstäbchen oder Küchengarn entfernen) und auf einer vorgewärmten Platte anrichten und zugedeckt warm stellen.

5 Mehl mit Sahne anrühren. Angerührtes Mehl unter Rühren in den Bratensud geben, zum Kochen bringen und etwa 3 Minuten kochen lassen. Lorbeerblätter entfernen. Mit Salz, Pfeffer und Zucker würzen. Restlichen Meerrettich kurz vor dem Servieren unterrühren. Die Rouladen mit der Sauce servieren.

Tipp:
Werden die Rouladen in zwei Portionen angebraten, für jede Portion 20 g Butterschmalz verwenden. Nach jedem Anbraten den Bratensatz mit der Hälfte der Brühe lösen. Anschließend alles zusammen in den Bräter geben.

Rinderrouladen mit Basilikum

Zubereitungszeit: 75 Min.
Schmorzeit: etwa 1 1/2 Std.

Pro Portion:
E: 43 g, F: 28 g, Kh: 4 g,
kJ: 1830, kcal: 438

- **8–10 Rinderrouladen (je etwa 180 g)**
- **2 gestr. TL Salz**
- **frisch gemahlener Pfeffer**
- **400 g Knollensellerie**
- **1 Bund Basilikum**
- **4 Zitronenmelisseblättchen**
- **2 Eigelb und 1 Ei**
- **200 g durchwachsener Speck**
- **5 mittelgroße Zwiebeln**
- **750 ml (3/4 l) heiße Fleischbrühe**

- **300 g Crème fraîche**
- **2 gestr. TL Weizenmehl**

Außerdem:
- **Holzstäbchen oder Küchengarn**

1 Rouladenfleisch abspülen und trockentupfen. Mit Salz und Pfeffer bestreuen. Sellerie putzen, schälen, waschen, abtropfen lassen und fein raspeln. Basilikum abspülen und trockentupfen. Die Blättchen von den Stängeln zupfen. Zitronenmelisseblättchen abspülen und trockentupfen. Basilikum- und Melisseblättchen fein hacken. Mit Selleriraspeln, Eigelb und Ei vermengen. Mit Salz und Pfeffer würzen. Die Selleriemasse gleichmäßig auf den Rouladen verteilen.

2 Speck in kleine Würfel schneiden. Speckwürfel in einer Pfanne auslassen, herausnehmen und auf die Selleriemasse geben. Die Rouladen von der schmalen Seite her aufrollen. Mit Holzstäbchen oder Küchengarn zusammenhalten. Mit Salz und Pfeffer würzen.

3 Die Rouladen in dem verbliebenen Speckfett von allen Seiten gut anbraten.

4 Zwiebeln abziehen, in Scheiben schneiden und zu den Rouladen geben.

5 Sobald der Bratensatz bräunt, etwas von der Fleischbrühe hinzugießen. Die Rouladen zugedeckt etwa 1 1/2 Stunden schmoren lassen, dabei gelegentlich wenden. Verdampfte Flüssigkeit nach und nach durch Fleischbrühe ersetzen.

6 Die garen Rouladen herausnehmen (Holzstäbchen oder Küchengarn entfernen) und warm stellen.

7 Crème fraîche mit Mehl verrühren, zum Bratenfond geben und unterrühren. Die Sauce unter ständigem Rühren so lange erhitzen, bis sie cremig ist. Mit Salz und Pfeffer abschmecken.

8 Die Rouladen wieder in die Sauce geben und nochmals kurz erhitzen.

Beilage:
Tomatensalat, Salzkartoffeln, Kartoffeln oder Nudeln.

Rinderrouladen mit Kürbisfüllung

Zubereitungszeit: 1 Std.
Schmorzeit: 1½–2 Std.

Pro Portion:
E: 41 g, F: 28 g, Kh: 10 g,
kJ: 1896, kcal: 453

- **2 TL eingelegter grüner Pfeffer (aus dem Glas)**
- **2 Bund glatte Petersilie**
- **1–2 Knoblauchzehen**
- **70 g getrocknete Tomaten**
- **400 g Kürbis (geschält, ohne Kerne)**
- **8 Rinderrouladen (aus der Keule, je 180–200 g)**
- **Salz**
- **6 EL Olivenöl**
- **500 ml (½ l) heiße Rinder- oder Gemüsebrühe**

- **2 geh. EL Speisestärke**
- **1 Becher (150 g) Crème fraîche**
- **frisch gemahlener Pfeffer**
- **Zucker**

Außerdem:
- **Küchengarn oder Holzstäbchen**

1 Pfeffer abtropfen lassen und fein hacken. Petersilie abspülen und trockentupfen. Die Blättchen von den Stängeln zupfen (einige Blättchen zum Garnieren beiseite legen). Blättchen fein hacken. Knoblauch abziehen, durch eine Knoblauchpresse drücken, mit Petersilie und Pfeffer vermischen. Tomaten zuerst in feine Streifen schneiden und anschließend fein hacken. Kürbisfleisch grob raspeln.

2 Rouladenfleisch abspülen und trockentupfen. Mit Salz bestreuen. Nacheinander die Petersilienmischung und die Kürbisraspel auf den Rouladenscheiben verteilen und leicht andrücken. Die Rouladenscheiben von der schmalen Seite her aufrollen und mit Küchengarn oder Holzstäbchen zusammenhalten.

3 Olivenöl in einem Bräter oder in einer großen Pfanne erhitzen. Die Rouladen von allen Seiten darin anbraten und herausnehmen. Die Brühe zum Bratensatz gießen und zum Kochen bringen, bis sich der Bratensatz gelöst hat. Rouladen und Tomatenstückchen hinzugeben. Rouladen zugedeckt bei schwacher Hitze 1½–2 Stunden schmoren. Die garen Rouladen herausnehmen (Küchengarn oder Holzstäbchen entfernen), auf einer vorgewärmten Platte anrichten und zugedeckt warm stellen.

4 Speisestärke mit Crème fraîche verrühren und unter Rühren in den Bratensud geben, zum Kochen bringen und etwa 1 Minute kochen lassen. Mit Salz, Pfeffer und Zucker abschmecken. Die Rouladen mit der Sauce servieren. Mit den beiseite gestellten Petersilienblättchen garnieren.

Beilage:
Knödel, Salzkartoffeln oder kleine gebratene Kartoffeln und gemischter Salat.

Tipp:
Die Rouladen schmecken noch herzhafter, wenn die Hälfte der Petersilie durch Oregano ersetzt wird.

Süss-saure Rinderrouladen

Zubereitungszeit: 45 Min.
Schmorzeit: 1 ³/₄ Std.

Pro Portion:
E: 50 g, F: 32 g, Kh: 16 g,
kJ: 2393, kcal: 572

Zum Vorbereiten:
- **150 g Schalotten**
- **200 g gemischtes Backobst**

- **1 Bund glatte Petersilie**
- **500 g Thüringer Mett**
- **1 TL getrockneter Majoran**
- **8 Rinderrouladen (aus der Keule, je 180–200 g)**
- **Salz**
- **frisch gemahlener Pfeffer**
- **40 g Butterschmalz**
- **300 ml heiße Gemüsebrühe**
- **200 ml trockener Rotwein**
- **2 Lorbeerblätter**

- **2 gestr. EL Speisestärke**
- **3 EL Wasser**

Außerdem:
- **Holzstäbchen oder Küchengarn**

1 Zum Vorbereiten Schalotten abziehen und in feine Spalten schneiden. Backobst in kleine Stücke schneiden.

2 Petersilie abspülen und trockentupfen. Die Blättchen von den Stängeln zupfen (einige Blättchen zum Garnieren beiseite legen). Blättchen fein hacken.

3 Mett in eine Schüssel geben. Majoran und Petersilie unterkneten.

4 Rouladenfleisch abspülen und trockentupfen. Mit Salz und Pfeffer bestreuen. Die Mettmasse auf den Fleischscheiben verteilen, von der schmalen Seite her aufrollen und mit Holzstäbchen oder Küchengarn zusammenhalten.

5 Butterschmalz in einem Bräter oder einer großen Pfanne erhitzen. Die Rouladen von allen Seiten gut darin anbraten und herausnehmen. Brühe zum Bratensatz gießen und zum Kochen bringen, bis sich der Bratensatz gelöst hat. Backobststückchen, Schalottenspalten, Rotwein, Lorbeerblätter und die angebratenen Rouladen hinzugeben. Rouladen zugedeckt bei schwacher Hitze etwa 1 ³/₄ Stunden schmoren. Die garen Rouladen herausnehmen (Holzstäbchen oder Küchengarn entfernen), auf einer vorgewärmten Platte anrichten und zugedeckt warm stellen.

6 Speisestärke mit Wasser anrühren. Angerührte Speisestärke unter Rühren in den Bratensaft geben, zum Kochen bringen und etwa 1 Minute kochen lassen. Mit Salz und Pfeffer abschmecken. Lorbeerblätter entfernen.

7 Die Rouladen mit der Sauce servieren. Mit den beiseite gestellten Petersilienblättchen garnieren.

Beilage:
Semmelknödel oder Knödel aus rohen Kartoffeln.

Kohlrouladen mit Herbstfüllung

Zubereitungszeit: 100 Min., ohne Einweich- und Abkühlzeit
Garzeit: 45 Min.

Pro Portion:
E: 20 g, F: 35 g, Kh: 11 g, kJ: 1835, kcal: 439

- **1 großer Weißkohl**
- **Salzwasser**

Für die Füllung:

- **2 Brötchen vom Vortag (Semmeln)**
- **500 g frische Pfifferlinge oder gemischte Pilze**
- **2 Zwiebeln**
- **4 Knoblauchzehen**
- **40 g Butter**
- **3 EL Speiseöl**
- **Salz**
- **frisch gemahlener Pfeffer**
- **500 g Rindergehacktes**
- **3 Eier (Größe M)**
- **1 TL gerebelter Majoran**
- **1 Prise Currypulver**
- **1 TL scharfer Senf**
- **8–10 dünne Scheiben durchwachsener Speck**
- **6 EL Speiseöl**
- **500 ml (1/2 l) Fleischbrühe**

- **2 EL Bratensauce**
- **1 Becher (150 g) Crème fraîche**

Außerdem:

- **Holzstäbchen**

1 Von dem Weißkohl die äußeren welken Blätter entfernen. Den Kohl abspülen. Den Strunk unten keilförmig herausschneiden. Salzwasser in einem großen Topf zum Kochen bringen. Den Kohlkopf hineingeben und so lange kochen lassen, bis sich die äußeren Blätter lösen. Diesen Vorgang wiederholen, bis etwa 20 Blätter gelöst und etwas weich sind. Die Blätter abtropfen lassen, mit Küchenpapier trockentupfen und die dicken Blattrippen flach schneiden.

2 Für die Füllung Brötchen mit Wasser übergießen, einweichen und gut ausdrücken. Pilze putzen, mit Küchenpapier abreiben, evtl. abspülen, abtropfen lassen und klein schneiden. Zwiebeln und Knoblauch abziehen und in kleine Würfel schneiden.

3 Butter in einer Pfanne zerlassen, Speiseöl hinzufügen und mit erhitzen. Pilzstückchen, Zwiebel- und Knoblauchwürfel hinzugeben und unter Rühren dünsten. Mit Salz und Pfeffer würzen. Die Hälfte der Pilzmasse beiseite stellen. Die andere Hälfte etwas abkühlen lassen, klein hacken und in eine Schüssel geben. Gehacktes, Eier, Majoran, Curry, Senf und die eingeweichten Brötchen hinzugeben. Die Zutaten gut vermengen. Nochmals mit den Gewürzen abschmecken.

4 Jeweils 2–3 Kohlblätter übereinander legen und die Gehacktes-Pilz-Masse darauf verteilen. Die Kohlblätter seitlich einschlagen und aufrollen. Die Rouladen mit jeweils einer Scheibe Speck umwickeln und mit Holzstäbchen feststecken.

5 Speiseöl in einer großen Pfanne erhitzen. Die Rouladen von allen Seiten gut darin anbraten. Nach und nach Fleischbrühe hinzugießen. Die Rouladen zugedeckt etwa 45 Minuten darin garen. Die Rouladen herausnehmen (Holzstäbchen entfernen), auf einer Platte anrichten und warm stellen.

6 Die Kochflüssigkeit durch ein Sieb streichen. Den Sud nochmals zum Kochen bringen. Bratensauce hinzugeben und unter Rühren kochen lassen. Crème fraîche unterrühren. Zuletzt die beiseite gestellte Pilzmasse hinzugeben. Die Kohlrouladen mit der Sauce servieren.

Rinderrouladen in Tomatensauce

Zubereitungszeit: 1 Std., ohne Abkühlzeit
Garzeit: 1½ Std.

Pro Portion:
E: 42 g, F: 21 g, Kh: 7 g, kJ: 1597, kcal: 381

- **150 g Zwiebeln**
- **2 Knoblauchzehen**
- **6 Zweige Zitronenthymian**
- **2 EL Olivenöl, 2 EL Wasser**
- **100 g Tomatenmark, Salz**
- **frisch gemahlener Pfeffer**
- **1 Möhre (100 g)**
- **100 g Porree (Lauch)**
- **100 g durchwachsener Speck**
- **8 Rinderrouladen (aus der Keule, je 180–200 g)**
- **2 EL Speiseöl**
- **300 ml Gemüsebrühe**
- **500 g Tomaten**
- **3 EL Speisestärke**
- **3 EL Wasser**

Außerdem:

- **Küchengarn oder Rouladennadeln**

1 Zwiebeln und Knoblauch abziehen, in Scheiben schneiden. Thymian abspülen und trockentupfen. Die Blättchen von den Stängeln zupfen. Blättchen fein hacken.

2 Olivenöl in einer Pfanne erhitzen. Zwiebeln, Knoblauchscheiben, Wasser und Thymian hinzugeben, zugedeckt bei schwacher Hitze etwa 10 Minuten dünsten lassen. Die Hälfte des Tomatenmarks unterrühren. Die Masse mit einem Schneidstab pürieren. Mit Salz und Pfeffer würzen. Abkühlen lassen.

3 Möhre putzen, schälen, waschen und in kleine Würfel schneiden. Porree putzen, die Stange längs halbieren, waschen, abtropfen lassen und in dünne Streifen schneiden. Speck in Würfel schneiden.

4 Rouladen unter fließendem kalten Wasser abspülen und trockentupfen. Die Tomatenpaste auf die Rouladen streichen. Die Rouladen von der schmalen Seite her aufrollen. Mit Küchengarn oder Rouladennaden zusammenhalten.

5 Speiseöl in einem Bräter oder in einer großen Pfanne erhitzen, Speckwürfel darin ausbraten, mit einer Schaumkelle herausnehmen und beiseite stellen.

6 Die Rouladen in dem verbliebenen Bratfett von allen Seiten gut anbraten und herausnehmen. Restliches Tomatenmark, Möhrenwürfel und Porreestreifen in den Bräter geben und kurz andünsten. Brühe hinzugießen und zum Kochen bringen. Die Rouladen wieder hineinlegen. Rouladen zugedeckt bei schwacher Hitze etwa 1½ Stunden garen.

7 Tomaten waschen, abtropfen lassen, kreuzweise einschneiden und einige Sekunden in kochendes Wasser legen. Tomaten kurz in kaltes Wasser legen, enthäuten, halbieren, entkernen, Stängelansätze herausschneiden. Fruchtfleisch in Würfel schneiden.

8 Rouladen herausnehmen (Küchengarn oder Rouladennadeln entfernen), auf einer vorgewärmten Platte anrichten und zugedeckt warm stellen.

9 Speisestärke mit Wasser anrühren. Angerührte Speisestärke unter Rühren in den Bratensud geben, zum Kochen bringen. Tomatenwürfel hinzugeben und etwa 1 Minute unter Rühren kochen lassen. Mit Salz und Pfeffer abschmecken. Speckwürfel unterrühren.

10 Die Rouladen mit der Sauce servieren.

Leberrouladen

Zubereitungszeit: 45 Min., ohne Einweichzeit
Schmorzeit: 10–15 Min.

Pro Portion:
E: 43 g, F: 16 g, Kh: 30 g, kJ: 1994, kcal: 477

Zum Vorbereiten:
- **12 entsteinte getrocknete Pflaumen**
- **kaltes Wasser**

- **3 Äpfel**
- **150 g durchwachsener Speck**
- **10 dünne große Scheiben Rinderleber (je 150–200 g)**
- **Salz**
- **frisch gemahlener Pfeffer**
- **gerebelter Majoran**
- **2 EL Butter oder Margarine**
- **5 EL Speiseöl**
- **750 ml (3/4 l) Apfelwein**
- **1 Glas Apfelmus (Einwaage 250 g)**

Außerdem:
- **Holzstäbchen oder Küchengarn**

1 Zum Vorbereiten Pflaumen etwa 2 Stunden in kaltem Wasser einweichen. Pflaumen gut abtropfen lassen und klein schneiden.

2 Äpfel schälen, vierteln, entkernen und raspeln. Speck in Würfel schneiden. Apfelraspel mit den Speckwürfeln vermengen. Pflaumenstückchen unterheben.

3 Leberscheiben unter fließendem kalten Wasser abspülen und trockentupfen. Mit Salz, Pfeffer und Majoran bestreuen. Jeweils einen Teil der Apfel-Speck-Masse auf den Leberscheiben verteilen und von der schmalen Seite her aufrollen. Mit Holzstäbchen oder Küchengarn zusammenhalten.

4 Butter oder Margarine in einer großen Pfanne zerlassen. Speiseöl hinzugeben und mit erhitzen. Die Rouladen von allen Seiten gut darin anbraten. Apfelwein hinzugießen und zum Kochen bringen. Die Rouladen zugedeckt bei schwacher Hitze 10–15 Minuten schmoren.

5 Die garen Rouladen herausnehmen (Holzstäbchen oder Küchengarn entfernen) und warm stellen.

6 Apfelmus zum Bratenfond geben und unterrühren, evtl. noch etwas Apfelwein hinzugießen. Die Sauce mit Salz, Pfeffer und Majoran abschmecken. Die Rouladen in der Sauce servieren.

Beilage:
Salzkartoffeln oder Kartoffelpüree, grüner Salat oder Apfel-Chicorée-Salat.

Pikante Rinderrouladen

Foto
Zubereitungszeit: 95 Min.
Schmorzeit: etwa 1 3/4 Std.

Pro Portion:
E: 45 g, F: 27 g, Kh: 5 g,
kJ: 1956, kcal: 468

- **8–10 Rinderrouladen (je etwa 200 g), 2 EL Senf**
- **2 gestr. TL Salz, Pfeffer**
- **Paprikapulver edelsüß**
- **3 Gewürzgurken**
- **150 g durchwachsener Speck, 4 Zwiebeln**
- **50 g Schweineschmalz**
- **heißes Wasser**
- **2 Bund Suppengrün**
- **etwa 125 ml (1/8 l) Rotwein**
- **250 ml (1/4 l) Fleischbrühe**
- **1 Becher (150 g) Crème fraîche**
- **3–4 EL Weinbrand**

1 Rouladenfleisch unter fließendem kalten Wasser abspülen und trockentupfen, evtl. leicht klopfen. Rouladenscheiben mit Senf bestreichen, mit Salz, Pfeffer und Paprika bestreuen.

2 Gurken längs halbieren und in Stücke schneiden. Speck in Streifen schneiden. Zwiebeln abziehen und in Scheiben schneiden. Gurkenstücke, Speckstreifen und Zwiebelscheiben auf die Rouladenscheiben geben, von der schmalen Seite her aufrollen. Mit Küchengarn oder Rouladennadeln zusammenhalten.

3 Schweineschmalz in einem Topf erhitzen. Rouladen von allen Seiten gut darin anbraten. Etwas Wasser hinzugießen. Rouladen zugedeckt bei schwacher Hitze etwa 45 Minuten schmoren lassen.

4 Suppengrün putzen, evtl. schälen, abspülen und klein schneiden, zu den Rouladen geben und weitere 60 Minuten mitschmoren lassen.

5 Nach und nach verdampfte Schmorflüssigkeit durch Rotwein und Fleischbrühe ersetzen. Die garen Rouladen herausnehmen (Küchengarn oder Rouladennadeln entfernen), auf einer vorgewärmten Platte anrichten und warm stellen.

6 Den Bratenfond mit dem Suppengrün durch ein Sieb streichen. Bratenfond mit Crème fraîche verrühren und zum Kochen bringen. Die Sauce mit Salz, Pfeffer, Paprika und Weinbrand abschmecken. Die Rouladen mit der Sauce servieren.

Rouladen mit Paprika-Salbei

(Titelfoto)
Zubereitungszeit: 70 Min.
Garzeit: etwa 35 Min.

Pro Portion:
E: 36 g, F: 14 g, Kh: 2 g,
kJ: 1179, kcal: 282

- **8 große, flache Schweineschnitzel (je etwa 150 g)**
- **3–4 EL Ajvar (Gewürzpaste)**
- **16 Scheiben Schinkenspeck (Bacon)**
- **4 große Scheiben Gouda-Käse**
- **8 gut abgetropfte, gegarte Tomatenpaprika (aus dem Glas)**
- **16 große, vorbereitete Blätter Salbei**
- **5 EL Speiseöl**

(Fortsetzung Seite 22)

- **Wasser**
- **Rouladennadeln oder Holzstäbchen**

1 Schnitzel unter fließendem kalten Wasser abspülen, trockentupfen, zwischen Frischhaltefolie sehr flach klopfen, mit Ajvar bestreichen. Schnitzelfleisch mit je 2 Scheiben Schinkenspeck, einer halben Scheibe Käse, 2 Tomatenpaprikahälften und 2 Salbeiblättern belegen, von der kurzen Seite her aufrollen. Mit Rouladennadeln oder Holzstäbchen zusammenhalten.

2 Speiseöl in einer großen Pfanne erhitzen. Rouladen vorsichtig von allen Seiten darin anbraten, etwas Wasser hinzugießen und zugedeckt etwa 35 Minuten garen lassen, dabei ab und zu wenden und evtl. noch etwas Wasser hinzufügen.

3 Die garen Rouladen herausnehmen (Rouladennadeln oder Holzstäbchen entfernen), etwas abkühlen lassen. Rouladen in etwa 2 cm dicke Scheiben schneiden und sofort servieren.

Beilage:
Servieren Sie die Rouladenscheiben mit einem Kartoffelgratin.

Kalbfleisch-Parma-Röllchen

Zubereitungszeit: 65 Min.
Schmorzeit: 20–25 Min.

Pro Portion:
E: 27 g, F: 20 g, Kh: 1 g, kJ: 1299, kcal: 310

- **8–10 Kalbsschnitzel (je etwa 120 g)**
- **frisch gemahlener Pfeffer**
- **2 Knoblauchzehen**
- **16–20 Salbeiblätter**
- **8–10 Scheiben Parmaschinken**
- **2 EL Butter, 4 EL Olivenöl**
- **125 ml (1/8 l) heiße Rindfleischbrühe**
- **125 ml (1/8 l) Weißwein**

- **Holzstäbchen**

Für die Sauce:
- **5 EL Marsalawein**
- **100 g kalte Butter**
- **Salz**

1 Kalbsschnitzel unter fließendem kalten Wasser abspülen, trockentupfen und flach klopfen. Mit Pfeffer bestreuen. Knoblauch abziehen und zerdrücken. Die Fleischscheiben damit einreiben.

2 Salbei abspülen und trockentupfen. Die Blättchen von den Stängeln zupfen. Die Fleischscheiben jeweils mit 1 Scheibe Schinken und je 2 Salbeiblättern belegen und von der schmalen Seite her aufrollen. Mit Holzstäbchen feststecken.

3 Butter mit Olivenöl in einer großen Pfanne erhitzen. Die Fleischröllchen von allen Seiten darin anbraten (evtl. in 2 Portionen). Brühe und Weißwein hinzugießen, zum Kochen bringen. Die Röllchen zugedeckt 20–25 Minuten schmoren lassen, gelegentlich wenden.

4 Die garen Röllchen herausnehmen (Holzstäbchen entfernen), und warm stellen.

5 Für die Sauce den Bratenfond etwas einkochen lassen. Marsalawein hinzugießen, zum Kochen bringen und nochmals etwas einkochen lassen. Butter in Flöckchen in die Sauce rühren. Mit Salz und Pfeffer abschmecken. Die Fleischröllchen mit der Sauce servieren.

Kalbfleischrouladen mit Milchsauce

Zubereitungszeit: 55 Min., ohne Abkühlzeit
Garzeit: etwa 20 Min.

Pro Portion:
E: 43 g, F: 23 g, Kh: 4 g, kJ: 1638, kcal: 391

Für die Füllung:
- **800 g weiße Champignons**
- **250 g Zwiebeln**
- **3–4 Knoblauchzehen**
- **3 EL Olivenöl**
- **2 TL getrockneter Rosmarin**
- **1 Bund glatte Petersilie**
- **50 g Butter**
- **120 g geriebener Parmesan-Käse**
- **Salz**
- **frisch gemahlener Pfeffer**
- **16 dünne Kalbsschnitzel (je 80–100 g)**
- **4 EL Olivenöl**
- **300 ml heiße Gemüsebrühe**

Für die Sauce:
- **1 Bund glatte Petersilie**
- **200 ml Milch**
- **1–2 EL Speisestärke**

Außerdem:
- **Küchengarn oder Rouladennadeln**

1 Für die Füllung Champignons putzen, mit Küchenpapier abreiben, evtl. abspülen, abtropfen lassen. Champignons zuerst in Scheiben, dann in Würfel schneiden. Zwiebeln und Knoblauch abziehen und in kleine Würfel schneiden.

2 Olivenöl in einem Topf erhitzen. Zwiebel- und Knoblauchwürfel darin glasig dünsten. Champignonstückchen und Rosmarin hinzugeben. Bei schwacher Hitze etwa 10 Minuten dünsten lassen.

3 Petersilie abspülen und trockentupfen. Die Blättchen von den Stängeln zupfen. Blättchen fein hacken. Butter, Parmesan-Käse und Petersilie zu den Champignonstückchen geben. Mit Salz und Pfeffer würzen, etwas abkühlen lassen.

4 Schnitzelscheiben unter fließendem kalten Wasser abspülen und trockentupfen. Schnitzelscheiben mit Salz und Pfeffer bestreuen. Champignonmasse darauf verteilen und etwas andrücken. Schnitzelscheiben von der schmalen Seite her aufrollen und mit Küchengarn oder Rouladennadeln zusammenhalten.

5 Olivenöl in einer großen Pfanne erhitzen. Die Rouladen in 2 Portionen von allen Seiten darin anbraten. Brühe hinzugießen und zum Kochen bringen.

6 Die Rouladen in der Brühe zugedeckt bei schwacher Hitze etwa 20 Minuten garen. Die garen Rouladen herausnehmen (Küchengarn oder Rouladennadeln entfernen), auf einer vorgewärmten Platte anrichten und warm stellen.

7 Für die Sauce Petersilie abspülen und trockentupfen. Die Blättchen von den Stängeln zupfen. Blättchen fein hacken. Den Bratenfond durch ein Sieb in einen Topf gießen. Milch mit Speisestärke anrühren. Den Bratenfond zum Kochen bringen, angerührte Speisestärke unter Rühren hineingeben und unter Rühren etwa 2 Minuten kochen lassen. Sauce mit Salz und Pfeffer würzen. Petersilie unterrühren. Die Rouladen in der Sauce anrichten.

Tipp:
Statt Kalbsschnitzel können auch dünne Schweineschnitzel verwendet werden. Die Garzeit bleibt gleich.

Minirouladen aus dem Backofen

Zubereitungszeit: 60 Min.
Garzeit: 20–25 Min.

Pro Portion:
E: 41 g, F: 19 g, Kh: 3 g,
kJ: 1448, kcal: 345

- **10 Zweige Salbei**
- **3 EL Olivenöl**
- **1 Dose geschälte Tomaten (Einwaage 800 g)**
- **16 sehr dünne Kalbsschnitzel (je etwa 80 g)**
- **frisch gemahlener Pfeffer**
- **8 lange dünne Scheiben Emmentaler-Käse (je etwa 20 g)**
- **4 dicke Scheiben Emmentaler-Käse (je etwa 40 g)**

- **2 EL Speisestärke**
- **Salz**

Beilage:
Mozzarella-Tomaten-Salat mit Basilikum-Pesto.

1 Salbei abspülen und trockentupfen. Die Blättchen von 6 Stängeln zupfen. Blättchen in einer Fettfangschale (mit Olivenöl bestrichen) verteilen. Tomaten in einem Sieb abtropfen lassen, den Saft dabei auffangen. Tomaten in kleine Stücke schneiden.

2 Schnitzelscheiben abspülen, trockentupfen und mit Pfeffer bestreuen. Die dünnen Käsescheiben der Länge nach halbieren. Die Blättchen von den restlichen Salbeistängeln zupfen. Je 1–2 Blättchen auf die halbierten Käsescheiben legen.

3 Die Schnitzelscheiben mit je einer Käsescheibe belegen, so dass am oberen Ende etwa 1 cm Rand frei bleibt. Einige Tomatenstückchen darauf verteilen. Die belegten Schnitzelscheiben von unten nach oben aufrollen, leicht andrücken und mit der Fleischnaht nach unten in die Fettfangschale legen.

4 Die dicken Käsescheiben waagerecht in 16 Streifen schneiden. Käsestreifen auf die Rouladen legen. Die Fettfangschale in den Backofen schieben.

Ober-/Unterhitze:
etwa 220 °C (vorgeheizt)
Heißluft: etwa 200 °C (vorgeheizt)
Gas: Stufe 4–5 (vorgeheizt)
Garzeit: 20–25 Min.

5 Die garen Rouladen auf einer vorgewärmten Platte anrichten. Speisestärke mit dem aufgefangenen Tomatensaft anrühren. Den Bratensud durch ein Sieb gießen und in einem Topf auffangen. Die angerührte Speisestärke hinzugeben, unter Rühren zum Kochen bringen und etwa 1 Minute unter Rühren kochen lassen. Mit Salz und Pfeffer würzen.

6 Die Minirouladen mit der Sauce servieren und mit den restlichen Salbeiblättchen garnieren.

Tipp:
Bei Gästen mit großem Appetit das Rezept um 1/3 erhöhen. Dabei folgende Zutaten verwenden: etwa 12 Zweige Salbei, 3 Esslöffel Olivenöl, 1 große und kleine Dose geschälte Tomaten (Abtropfgewicht 480 g und 240 g), 24 sehr dünne Scheiben Kalbsschnitzel (je 50–70 g), frisch gemahlener Pfeffer, 12 dünne lange Scheiben Emmentaler-Käse (je 20 g), 6 dicke Scheiben Emmentaler-Käse (je 40 g), 2–3 Esslöffel Speisestärke und Salz.

Kalbsrouladen mit Leberfüllung

Zubereitungszeit: 60 Min.
Schmorzeit: etwa 20 Min.

Pro Portion:
E: 43 g, F: 16 g, Kh: 10 g,
kJ: 1553, kcal: 370

- **16 Stück Hühnerleber (etwa 350 g)**
- **30 g Butter**
- **Salz**
- **16 dünne Scheiben Kalbsschnitzel (je 80–100 g)**
- **1 Pck. getrocknete Apfelringe (125 g)**
- **2–3 TL getr. Thymian**
- **60 g Butterschmalz**
- **250 ml (1/4 l) trockener Weißwein**
- **etwa 200 ml Kalbsfond oder Hühnerbrühe**

- **1 EL Speisestärke**
- **3 EL Wasser**
- **frisch gemahlener Pfeffer**

Außerdem:
- **Küchengarn oder Rouladennadeln**

1 Leber unter fließendem kalten Wasser abspülen und trockentupfen. Butter in einer großen Pfanne zerlassen. Die Leber bei schwacher Hitze etwa 5 Minuten darin schwenken, nicht braten. Leber in dem Bratfett abkühlen lassen. Mit Salz bestreuen.

2 Kalbsschnitzel unter fließendem kalten Wasser abspülen und trockentupfen. Mit Salz bestreuen. Jeweils das untere Drittel der Kalbsschnitzel mit zwei Apfelringen und je nach Größe mit 1–2 Stücken Leber (mit etwas von dem Butterfett) belegen. Mit Thymian bestreuen. Die Kalbsschnitzel von der schmalen Seite her aufrollen und mit Küchengarn oder Rouladennadeln zusammenhalten.

3 Butterschmalz in einer großen Pfanne oder in einem Bräter erhitzen. Die Rouladen in 2 Portionen von allen Seiten darin anbraten und herausnehmen. Weißwein zum Bratensatz gießen und zum Kochen bringen.

4 Die Rouladen wieder hineinlegen. Die restlichen Apfelringe hinzufügen, wieder zum Kochen bringen und zugedeckt bei schwacher Hitze etwa 20 Minuten schmoren.

5 Die garen Rouladen herausnehmen (Küchengarn oder Rouladennadeln entfernen) und auf einer vorgewärmten Platte anrichten. Die Schmorflüssigkeit abmessen und mit Fond oder Brühe auf 500 ml (1/2 l) Flüssigkeit auffüllen.

6 Speisestärke mit Wasser anrühren. Die angerührte Speisestärke mit einem Schneebesen in die Schmorflüssigkeit rühren und unter Rühren nochmals kurz aufkochen lassen. Mit Salz und Pfeffer abschmecken. Die Rouladen mit der Sauce servieren.

Beilage:
Reis oder Reisnudeln.

Tipp:
Die Hühnerleber kann durch Puten- oder Entenleber ersetzt werden.

Kalbsrouladen mit Gurkensauce

Zubereitungszeit: 70 Min., ohne Abkühlzeit
Garzeit: 25–30 Min.

Pro Portion:
E: 48 g, F: 21 g, Kh: 7 g, kJ: 1705, kcal: 407

- **600 g Fenchel**
- **200 g Zwiebeln**
- **3 Knoblauchzehen**
- **30 g Butter, 5 EL Wasser**
- **Salz**
- **2 Salatgurken (je 500 g)**
- **2 Bund Dill**
- **16 dünne Kalbsschnitzel (je 100 g)**
- **etwa 350 g Frühstücksspeck (Bacon) in sehr dünnen Scheiben (32 Scheiben)**
- **70 g Butterschmalz**
- **250 ml (1/4 l) Gemüsebrühe**
- **20 g Weizenmehl**
- **30 g Butter**
- **1 Bund Dill**
- **frisch gemahlener Pfeffer**

Außerdem:

- **Küchengarn**

1 Von den Fenchelknollen die Stiele dicht oberhalb der Knollen abschneiden. Braune Stellen und Blätter entfernen. Knollen und Fenchelgrün waschen, abtropfen lassen. Fenchelknollen in kleine Würfel schneiden. Fenchelgrün hacken. Zwiebeln und Knoblauch abziehen, in kleine Würfel schneiden. Butter in einem Topf zerlassen. Fenchel- und ein Drittel der Zwiebel- und Knoblauchwürfel darin andünsten. Wasser hinzugießen, zugedeckt bei schwacher Hitze etwa 10 Minuten dünsten, dabei gelegentlich umrühren. Mit Salz würzen. Fenchelgrün unterrühren. Gemüse abkühlen lassen.

2 Gurken waschen, abtrocknen, so schälen, dass etwas Schale stehen bleibt. Gurken längs halbieren, entkernen. Gurken in Streifen schneiden. Dill abspülen, trockentupfen, in kleine Zweige teilen.

3 Schnitzel unter fließendem kalten Wasser abspülen, trockentupfen. Mit Salz bestreuen. Dillzweige und Fenchelgemüse darauf geben. Schnitzel von der schmalen Seite her aufrollen. Jeweils zwei Baconscheiben der Länge nach etwas überlappend aneinander legen. Je eine Roulade wie ein Päckchen einschlagen. Mit Küchengarn umwickeln.

4 40 g Butterschmalz in einer Pfanne erhitzen, Rouladen in 2 Portionen von allen Seiten darin anbraten, in eine Fettfangschale legen und in den Backofen schieben.

Ober-/Unterhitze: etwa 180 °C (vorgeheizt)
Heißluft: etwa 160 °C (vorgeheizt)
Gas: Stufe 2–3 (vorgeheizt)
Garzeit: 25–30 Min.

5 Restliches Schmalz in einem Topf erhitzen, restliche Zwiebel- und Knoblauchwürfel darin andünsten. Gurkenstreifen hinzugeben, Brühe hinzugießen, zugedeckt bei mittlerer Hitze 10 Minuten dünsten.

6 Mehl und Butter mit einer Gabel verkneten. Dill abspülen und trockentupfen. Spitzen von den Stängeln zupfen und fein hacken. Rouladen aus der Fettfangschale nehmen (Küchengarn entfernen), warm stellen. Sud durch ein Sieb zum Gemüse gießen, zum Kochen bringen. Mehlbutter hinzugeben, unter Rühren etwa 5 Minuten kochen lassen. Mit Salz und Pfeffer abschmecken. Dill unterrühren. Die Rouladen mit der Gurkensauce servieren.

Rouladen mit Kalbsbrätfüllung

Zubereitungszeit: 60 Min.
Garzeit: etwa 25 Min.

Pro Portion:
E: 41 g, F: 32 g, Kh: 5 g,
kJ: 2015, kcal: 481

- **150 g Frühlingszwiebeln**
- **Wasser**
- **1½ Bund krause Petersilie**
- **500 g feines Kalbsbrät (beim Metzger vorbestellen)**
- **2 Eier**
- **Salz**
- **8 lange dünne Kalbsschnitzel (je etwa 150 g)**
- **frisch gemahlener Pfeffer**
- **4 EL Speiseöl**
- **350 ml heiße Gemüsebrühe**
- **150 ml Bier (Pils)**
- **3 Gewürznelken**
- **40 g Weizenmehl**
- **40 g Butter**

Außerdem:

- **Holzstäbchen oder Küchengarn**

1 Frühlingszwiebeln putzen, waschen und abtropfen lassen. Die grünen Enden abschneiden und in breite Streifen schneiden. Hellgrüne und weiße Teile auf Rouladenbreite schneiden.

2 Wasser in einem Topf zum Kochen bringen. Die auf Rouladenbreite geschnittenen Zwiebelstücke hineingeben und etwa 3 Minuten blanchieren. Anschließend in ein Sieb geben, mit kaltem Wasser übergießen und abtropfen lassen.

3 Petersilie abspülen und trockentupfen. Die Blättchen von den Stängeln zupfen. Blättchen fein hacken (Stängel beiseite legen).

4 Kalbsbrät, Eier und drei Viertel der Petersilie in eine Rührschüssel geben. Die Zutaten mit Handrührgerät mit Knethaken zu einer glatten Masse verkneten, evtl. mit Salz würzen.

5 Schnitzelscheiben abspülen und trockentupfen. Mit etwas Salz und Pfeffer bestreuen. Die Brätmasse so auf den Schnitzelscheiben verteilen, dass rundherum ein etwa ½ cm breiter Rand frei bleibt. Jeweils einige blanchierte Zwiebelstücke waagerecht auf das untere Rouladendrittel legen. Die Fleischscheiben von der schmalen Seite her aufrollen und mit Holzstäbchen oder Küchengarn zusammenhalten.

6 Speiseöl in einem Bräter oder in einer großen Pfanne erhitzen. Die Rouladen von allen Seiten darin anbraten und herausnehmen. Brühe und Bier zum Bratensatz gießen und zum Kochen bringen, bis sich der Bratensatz gelöst hat. Rouladen, grüne Frühlingszwiebelstreifen, die beiseite gelegten Petersilienstängel und Nelken hinzugeben. Die Rouladen zugedeckt bei schwacher Hitze etwa 25 Minuten garen.

7 Die garen Rouladen (Holzstäbchen oder Küchengarn entfernen) auf einer vorgewärmten Platte anrichten und zugedeckt warm stellen. Den Bratensud durch ein Sieb gießen und in einem Topf auffangen.

8 Mehl und Butter mit einer Gabel verkneten, in den Bratensud geben und etwa 5 Minuten unter Rühren kochen lassen. Restliche Petersilie hinzugeben. Mit Salz und Pfeffer würzen. Rouladen mit der Sauce servieren.

Tipp:
Servieren Sie die Rouladen mit einem Tomatensalat mit Essig-Öl-Sauce und Schnittlauchröllchen und Bauernbrot.

Calvados-Rouladen

Zubereitungszeit: 70 Min.
Garzeit: etwa 40 Min.

Pro Portion:
E: 47 g, F: 28 g, Kh: 7 g,
kJ: 2045, kcal: 489

- **8 Schweineschnitzel (je etwa 180 g)**
- **Salz**
- **frisch gemahlener Pfeffer**
- **2 gestr. EL mittelscharfer Senf**
- **2 gestr. EL Curryketchup**
- **8–10 Scheiben Frühstücksspeck (Bacon, in Größe der Schweineschnitzel)**
- **8–10 Scheiben junger Gouda-Käse**
- **3 mittelgroße Zwiebeln**
- **2 Stangen Porree (Lauch, etwa 400 g)**
- **2 säuerliche Äpfel**
- **50 g Butterschmalz**
- **250 ml (1/4 l) heiße Fleischbrühe**

- **20 g Weizenmehl**
- **125 ml (1/8 l) Schlagsahne**
- **4 EL Calvados (Apfelbranntwein)**
- **2 EL gehackter Estragon**

- **4 Zweige Estragon**

Außerdem:

- **Küchengarn oder Rouladennadeln**

1 Schweineschnitzel unter fließendem kalten Wasser abspülen und trockentupfen, evtl. in einen Gefrierbeutel geben und flach klopfen. Mit Salz und Pfeffer würzen. Senf mit Curryketchup verrühren. Die Schnitzel damit bestreichen und mit jeweils einer Scheibe Frühstücksspeck und einer Scheibe Käse belegen.

2 Zwiebeln abziehen und in Würfel schneiden. Porree putzen, Stangen längs halbieren, gründlich waschen, abtropfen lassen und in Streifen schneiden, Äpfel schälen, halbieren, entkernen und in kleine Würfel schneiden. Zwiebelwürfel mit den Porreestreifen und Apfelwürfeln vermengen.

3 Die Schnitzel mit einem Teil der Apfel-Zwiebel-Porree-Mischung belegen. Restliche Apfel-Zwiebel-Porree-Mischung beiseite stellen.

4 Die Schnitzel von der schmalen Seite her aufrollen und mit Küchengarn oder Rouladennadeln zusammenhalten.

5 Butterschmalz in einer Pfanne erhitzen. Die Rouladen von allen Seiten darin anbraten. Die beiseite gestellte Apfel-Zwiebel-Porree-Mischung hinzugeben und kurz mitdünsten. Brühe hinzugießen und zugedeckt etwa 40 Minuten garen.

6 Die garen Rouladen herausnehmen (Küchengarn oder Rouladennadeln entfernen), auf einer Platte anrichten und zugedeckt warm stellen.

7 Mehl mit Sahne anrühren. Das angerührte Mehl mit einem Schneebesen in die Gemüsesauce rühren und unter Rühren etwa 5 Minuten kochen lassen. Calvados und Estragon unterrühren.

8 Estragon abspülen und trockentupfen. Die Rouladen mit den Estragonzweigen garnieren und mit der Sauce servieren.

Tipp:
Die Calvados-Rouladen können auch mit Kalbsrouladen oder dünnen Putenschnitzeln zubereitet werden.

Schweinefiletröllchen auf Reisnudeln

Zubereitungszeit: 85 Min.
Garzeit: etwa 45 Min.

Pro Portion:
E: 38 g, F: 12 g, Kh: 40 g, kJ: 1763, kcal: 421

- **1,4 kg Schweinefilet**
- **frisch gemahlener Pfeffer**
- **8 EL Speiseöl**
- **evtl. etwas Wasser**
- **3 rote Zwiebeln**
- **2 rote Chilischoten**
- **6 EL Sojasauce**

- **400 g Reisnudeln (Asialaden)**
- **1 Zwiebel**
- **Salz**
- **frisch gemahlener grober bunter Pfeffer**

Nach Belieben:
- **einige Chilischoten**

Außerdem:
- **Fleisch- oder Schaschlikspieße**

1 Schweinefilet unter fließendem kalten Wasser abspülen, trockentupfen und in 24 Scheiben (etwa 2 cm dick) schneiden. Filetscheiben in einen Gefrierbeutel geben und flach drücken, herausnehmen und mit Pfeffer bestreuen. Filetscheiben zu Röllchen formen. Diese auf Fleisch- oder Schaschlikspieße stecken.

2 4 Esslöffel von dem Speiseöl in einer großen Pfanne erhitzen. Die Fleischspieße von allen Seiten darin braten, evtl. etwas Wasser hinzufügen und etwa 15 Minuten garen. Fleischspieße herausnehmen und zugedeckt warm stellen.

3 Zwiebeln abziehen und in kleine Würfel schneiden. Chilischoten waschen, trockentupfen, halbieren, entkernen und ebenfalls in kleine Würfel schneiden.

4 Chili- und Zwiebelwürfel in dem verbliebenen Bratfett andünsten. Mit Sojasauce würzen.

5 Reisnudeln in kochendem Salzwasser nach Packungsanleitung gar kochen. Reisnudeln in ein Sieb geben und abtropfen lassen.

6 Zwiebel abziehen, in Scheiben schneiden, dann in Ringe teilen. Restliches Speiseöl in einer Pfanne erhitzen, Zwiebelringe darin andünsten. Reisnudeln hinzugeben. Mit Salz und Pfeffer würzen.

7 Reisnudeln auf eine Platte geben. Schweinefiletröllchen darauf anrichten und mit den Chili- und Zwiebelwürfeln übergießen. Nach Belieben mit Chilischoten garnieren.

Beilage:
Geschmorte Paprikastreifen mit Sojasauce und Brühe abgeschmeckt. Evtl. einige Sojasprossen unterrühren.

Kleine Schweinefleischrouladen

8 Portionen
Zubereitungszeit: 60 Min.
Garzeit: etwa 20 Min.

Pro Portion:
E: 37 g, F: 16 g, Kh: 13 g,
kJ: 1471, kcal: 352

- **1 Zwiebel**
- **500 g Chicorée**
- **200 g gekochter Schinken (in Scheiben)**
- **4 EL Speiseöl**
- **100 g Orangenmarmelade**
- **Salz**
- **frisch gemahlener Pfeffer**
- **16 kleine Schweineschnitzel (je 60–80 g)**
- **100 g süßer Senf**
- **375 ml (3/8 l) heiße Gemüsebrühe**

- **30 g Weizenmehl**
- **20 g Butter**

Außerdem:
- **Holzstäbchen**

1 Zwiebel abziehen und in kleine Würfel schneiden. Chicorée von den schlechten Blättern befreien, halbieren und die bitteren Strünke keilförmig herausschneiden. Chicorée waschen, abtropfen lassen und in feine Streifen schneiden. Schinken in kleine Würfel schneiden.

2 1 Esslöffel von dem Speiseöl in einem Topf erhitzen. Zwiebelwürfel darin glasig dünsten. Chicoréestreifen hinzufügen und zugedeckt etwa 5 Minuten dünsten. Marmelade unterrühren und kurz aufkochen lassen. Mit Salz und Pfeffer würzen. Chicoréemasse in einem Sieb abtropfen abtropfen lassen, den Sud dabei auffangen und etwa 125 ml (1/8 l) davon abmessen.

3 Schnitzelscheiben unter fließendem kalten Wasser abspülen, trockentupfen und nebeneinander auf eine Arbeitsfläche legen. Mit Salz bestreuen und mit Senf bestreichen. Chicoréemasse auf den Schnitzelscheiben verteilen und von der längeren Seite her aufrollen. Mit Holzstäbchen feststecken.

4 Restliches Speiseöl in einem Bräter oder in einer Pfanne erhitzen. Rouladen portionsweise von allen Seiten darin anbraten und herausnehmen. Brühe und den aufgefangenen Chicoréesud zum Bratensatz geben und kurz aufkochen lassen.

5 Rouladen wieder in den Bräter oder in die Pfanne geben, zum Kochen bringen und zugedeckt bei schwacher Hitze etwa 20 Minuten schmoren. Die garen Rouladen herausnehmen (Holzstäbchen entfernen), auf eine vorgewärmte Platte legen und warm stellen.

6 Mehl und Butter mit einer Gabel verkneten. Den Bratenfond durch ein Sieb in einen Topf gießen und zum Kochen bringen. Mehlbutter in den kochenden Sud rühren und unter Rühren etwa 5 Minuten leicht kochen lassen. Die Sauce mit Salz und Pfeffer abschmecken. Die Rouladen in der Sauce erhitzen.

- **Beilage:**

Tomatensalat mit Frühlingszwiebelringen.

Panierte Rouladen

Zubereitungszeit: 80 Min., ohne Abkühlzeit
Garzeit: Rouladen etwa 30 Min., Gemüse etwa 20 Min.

Pro Portion:
E: 44 g, F: 23 g, Kh: 18 g, kJ: 1928, kcal: 461

- **2 Zwiebeln (etwa 100 g)**
- **20 g Butter oder Margarine**
- **200 g gekochter Schinken**
- **2 Zweige Rosmarin**
- **abgeriebene Schale von 1 Zitrone (unbehandelt)**
- **Salz**
- **frisch gemahlener Pfeffer**
- **1/2 TL Paprikapulver edelsüß**
- **16 dünne Schweineschnitzel (je etwa 80 g)**
- **100 g geraspelter dänischer Höhlen-Käse oder mittelalter Gouda-Käse**
- **4 Eier**
- **80 g Weizenmehl**
- **120 g Semmelbrösel**
- **50–80 g Butterschmalz**
- **evtl. etwas Wasser**

Für das Paprikagemüse:

- **200 g Zwiebeln**
- **1–2 Knoblauchzehen**
- **1 Zweig Rosmarin**
- **2 Zweige Thymian**
- **1,5 kg gemischte Paprikaschoten (rot, grün, gelb)**
- **4 EL Olivenöl**

Außerdem:

- **Holzstäbchen**

1 Zwiebeln abziehen, halbieren, in feine Streifen schneiden. Butter oder Margarine in einer Pfanne zerlassen. Zwiebelstreifen darin andünsten. Etwas abkühlen lassen.

2 Schinken in kleine Würfel schneiden. Rosmarin abspülen, trockentupfen. Die Nadeln von den Stängeln zupfen. Nadeln fein hacken. Zitronenschale mit Rosmarin, Salz, Pfeffer und Paprika mischen.

3 Schnitzelfleisch abspülen, trockentupfen und mit der Zitronen-Gewürz-Mischung bestreuen. Die Schnitzelscheiben zuerst mit Zwiebelstreifen, dann mit Schinkenwürfeln und Käseraspeln belegen, dabei am oberen Ende einen etwa 2 cm breiten Rand frei lassen. Die Schnitzelscheiben von unten nach oben aufrollen, andrücken und mit Holzstäbchen zusammenhalten.

4 Eier in einer flachen Schüssel verschlagen. Mehl und Semmelbrösel getrennt in je eine flache Schüssel geben. Rouladen zuerst in Mehl wenden, dann durch die Eiermasse ziehen, abtropfen lassen. Zuletzt in Semmelbröseln wenden und andrücken. Butterschmalz in einem großen Bräter erhitzen. Die Rouladen bei mittlerer Hitze in etwa 20 Minuten von allen Seiten darin braten, evtl. etwas Wasser hinzugießen und weitere 10 Minuten garen.

5 Für das Gemüse Zwiebeln abziehen, halbieren, in Streifen schneiden. Knoblauch abziehen, in Scheiben schneiden. Rosmarin und Thymian abspülen, trockentupfen. Paprika halbieren, entstielen, entkernen, die weißen Scheidewände entfernen. Schoten waschen, trockentupfen und in Streifen schneiden.

6 Olivenöl in einem Topf erhitzen. Zwiebelstreifen, Knoblauchscheiben, Rosmarin und Thymian hinzugeben und kurz andünsten. Paprikastreifen hinzufügen und zugedeckt bei schwacher Hitze etwa 20 Minuten dünsten. Rosmarin und Thymian entfernen. Gemüse mit Salz und Pfeffer würzen. Rouladen mit dem Gemüse servieren.

Käse-Hack-Rouladen

Zubereitungszeit: 65 Min., ohne Einweichzeit
Garzeit: Rouladen etwa 15 Min., Gemüse etwa 15 Min.

Pro Portion: -
E: 33 g, F: 32 g, Kh: 15 g, kJ: 2000, kcal: 478

- **2 Brötchen vom Vortag (Semmeln)**
- **2 Zwiebeln**
- **2 Knoblauchzehen**
- **1,2 kg Rindergehacktes**
- **2 Eier (Größe M)**
- **Salz**
- **frisch gemahlener Pfeffer**
- **1 TL flüssige Speisewürze**
- **4 dünne Scheiben durchwachsener Räucherspeck (80 g)**
- **4 Scheiben Ziegenkäse (80 g)**
- **1 Bund glatte Petersilie**
- **1 großer Apfel (200 g)**

- **4–5 EL Speiseöl**

Für das Selleriegemüse:

- **1 kg Staudensellerie**
- **50 g Butter**
- **200 ml Fleischbrühe**
- **350 g rotschalige Äpfel**

1 Brötchen in kaltem Wasser einweichen und gut ausdrücken. Zwiebeln und Knoblauch abziehen. Zwiebeln in kleine Würfel schneiden. Knoblauch durch eine Knoblauchpresse drücken.

2 Gehacktes in eine Schüssel geben. Eingeweichte Brötchen, Zwiebelwürfel, Knoblauch und Eier hinzugeben. Die Zutaten gut vermengen. Mit Salz, Pfeffer und Speisewürze würzen.

3 Die Gehacktesmasse in 4 Portionen teilen. Jede Portion mit angefeuchteten Händen auf einem feuchten Stück Pergamentpapier oder Frischhaltefolie zu Rechtecken von etwa 9 x 22 cm formen und mit je einer Scheibe Speck und Käse belegen.

4 Petersilie abspülen und trockentupfen. Die Blättchen von den Stängeln zupfen. Apfel waschen, abtrocknen, entkernen und vierteln.

5 Je ein Apfelstück und einige Petersilienblättchen auf die Käsescheiben legen und jede Portion mit angefeuchteten Händen zu einer Roulade aufrollen. Darauf achten, dass der Käse gut in der Roulade „verpackt“ ist.

6 Speiseöl in einer Pfanne erhitzen. Die Rouladen von allen Seiten darin anbraten und etwa 15 Minuten unter mehrmaligem Wenden weiterbraten.

7 Für das Gemüse Sellerie putzen und die harten Außenfäden abziehen. Sellerie waschen, abtropfen lassen und in 1–2 cm lange Stücke schneiden. Butter in einer Pfanne zerlassen. Selleriestücke in etwa 5 Minuten darin andünsten. Brühe hinzugießen und das Gemüse zugedeckt etwa 15 Minuten garen.

8 Äpfel waschen, abtrocknen, vierteln, entkernen und in Scheiben schneiden. Nach etwa 10 Minuten Garzeit zu den Selleriestückchen geben und mitgaren lassen.

9 Die Rouladen halbieren und mit dem Gemüse servieren.

Beilage:
Salzkartoffeln.

Tipp:
Statt 4 große Rouladen 8 kleine Rouladen von etwa 9 x 11 cm formen.

Grosse Hackfleischroulade

Zubereitungszeit: 60 Min.
Garzeit: etwa 70 Min.

Pro Portion:
E: 34 g, F: 50 g, Kh: 12 g,
kJ: 2663, kcal: 637

- **500 g Zucchini**
- **Salz**
- **500 g große Kartoffeln**
- **1,5 kg Schweine-Hackfleisch**
- **2 Eier (Größe M)**
- **2 TL Salz**
- **frisch gemahlener Pfeffer**
- **1 TL getrockneter Majoran**
- **1 Bund Schnittlauch**
- **3 EL körniger Dijon-Senf**
- **2 EL Speiseöl**
- **1 EL Semmelbrösel**

- **3 Zwiebeln**
- **500 ml (1/2 l) Wasser**

- **150 ml heiße Gemüsebrühe**

Für die Sauce:

- **50 g Butter oder Margarine**
- **30 g Weizenmehl**
- **1 Becher (200 ml) Schlagsahne**
- **4–5 EL mittelscharfer Senf**
- **Zucker**

1 Zucchini waschen, abtrocknen, Enden abschneiden. Zucchini grob raspeln, mit 1 Teelöffel Salz mischen, beiseite stellen. Kartoffeln waschen, schälen, abspülen, abtropfen lassen und fein reiben. Hackfleisch in eine Schüssel geben. Geriebene Kartoffeln und Eier hinzufügen, mit Handrührgerät mit Knethaken zu einem Teig verarbeiten. Mit Salz, Pfeffer und Majoran würzen.

2 Schnittlauch abspülen, trockentupfen, in feine Röllchen schneiden. Hackfleischmasse auf ein Stück Backpapier (etwa 50 cm lang) geben, mit angefeuchteten Händen zu einem Quadrat (etwa 30 x 30 cm) ausstreichen. Mit Senf bestreichen.

3 Die beiseite gestellten Zucchiniraspel leicht ausdrücken. Schnittlauchröllchen mit Zucchiniraspeln mischen und auf dem Hackfleischteig verteilen, dabei rundherum einen etwa 2 cm breiten Rand frei lassen. Den belegten Hackfleischteig mit Hilfe des Backpapiers aufrollen, zu einer festen Rolle formen.

4 Hackfleischroulade vom Backpapier in eine Fettfangschale (gefettet) gleiten lassen. Mit Semmelbröseln bestreuen. Die Fettfangschale in den Backofen schieben.

Ober-/Unterhitze:
etwa 200 °C (vorgeheizt)
Heißluft: etwa 180 °C
(nicht vorgeheizt)
Gas: Stufe 3–4 (nicht vorgeheizt)
Garzeit: etwa 70 Min.

5 Zwiebeln abziehen, halbieren und in dünne Streifen schneiden. Zwiebelstreifen nach etwa 30 Minuten Garzeit zur Hackfleischroulade geben, Wasser hinzugießen und die Roulade fertig garen.

6 Hackfleischroulade herausnehmen, in Scheiben schneiden und zugedeckt warm stellen. Bratensatz mit Brühe loskochen und durch ein Sieb (mit Wasser auf 350 ml auffüllen) in einen Topf gießen.

7 Für die Sauce Butter oder Margarine in einem Topf zerlassen. Mehl unter Rühren so lange darin erhitzen, bis es hellgelb ist. Sahne und den Bratensud nach und nach hinzugießen. Mit einem Schneebesen durchschlagen, darauf achten, dass keine Klümpchen entstehen. Sauce unter Rühren zum Kochen bringen, unter Rühren etwa 10 Minuten kochen lassen. Senf unterrühren. Sauce mit Salz, Pfeffer und Zucker abschmecken. Die Hackfleischroulade mit der Sauce servieren.

Wirsingrollen

Zubereitungszeit: 80 Min.
Schmorzeit: etwa 20 Min.

Pro Portion:
E: 23 g, F: 26 g, Kh: 8 g,
kJ: 1515, kcal: 364

- **Wasser**
- **Salz**
- **2 Köpfe Wirsing (je etwa 1,2 kg)**

Für die Füllung:

- **800 g Kasseler-Nacken ohne Knochen**
- **½ Brötchen vom Vortag (Semmel)**
- **2 Zwiebeln**
- **2 Eier**
- **2 EL gemischte gehackte Kräuter, z. B. Petersilie, Schnittlauch, Majoran**
- **frisch gemahlener Pfeffer**

- **50 g Butterschmalz**
- **250 ml (¼ l) heiße Fleischbrühe**
- **3 TL Dijon-Senf**

- **1 Becher (250 g) Crème fraîche**
- **frisch gemahlener Pfeffer**

Außerdem:

- **Küchengarn**

1 In einem großen Topf reichlich Wasser zum Kochen bringen. Salz hinzufügen (auf 1 l Wasser 1 Teelöffel Salz). Inzwischen von dem Wirsing die äußeren welken Blätter entfernen. Den Wirsing abspülen, den Strunk unten keilförmig herausschneiden. Den Wirsing so lange in kochendes Wasser legen, bis sich die äußeren Blätter lösen. Diesen Vorgang wiederholen, bis etwa 20 Blätter sich lösen lassen und etwas weich sind. Die Blätter abtropfen lassen und mit Küchenpapier trockentupfen. Die dicken Blattrippen flach schneiden. Restlichen Wirsing in Streifen schneiden und beiseite legen.

2 Für die Füllung Kasseler unter fließendem kalten Wasser abspülen, trockentupfen, in Streifen schneiden und durch den Fleischwolf drehen. Brötchen in Wasser einweichen und ausdrücken. Zwiebeln abziehen und in kleine Würfel schneiden. Durchgedrehtes Fleisch mit Brötchen, Zwiebelwürfeln, Eiern und Kräutern vermengen. Mit Pfeffer würzen. Jeweils 2 große Wirsingblätter übereinander legen und die Fleischmasse darauf verteilen. Die Blätter seitlich einschlagen und aufrollen. Mit Küchengarn umwickeln.

3 Butterschmalz in einem Topf zerlassen. Die Wirsingrollen von allen Seiten darin anbraten. Die beiseite gestellten Wirsingstreifen hinzugeben und kurz mit anbraten. Brühe mit Senf verrühren und hinzugießen. Die Wirsingrollen zugedeckt bei schwacher Hitze etwa 20 Minuten schmoren lassen, dabei 2–3-mal wenden.

4 Die Wirsingrollen herausnehmen (Küchengarn entfernen), auf einer Platte anrichten und zugedeckt warm stellen.

5 Die Schmorflüssigkeit pürieren. Crème fraîche unterrühren. Die Sauce zum Kochen bringen. Mit Salz und Pfeffer abschmecken. Die Rollen mit der Sauce anrichten.

Beilage:
Salzkartoffeln oder Spätzle.

Tipp:
Statt Kasseler-Nacken kann auch Thüringer Mett verwendet werden. Die Wirsingrollen eignen sich sehr gut zum Einfrieren. Die Sauce zusätzlich mit 250 ml (¼ l) Schlagsahne verfeinern.

Putenbrustrouladen

Zubereitungszeit: 45 Min., ohne Auftau- und Abkühlzeit
Garzeit: etwa 30 Min.

Pro Portion:
E: 52 g, F: 21 g, Kh: 15 g, kJ: 1968, kcal: 471

- **8 Putenbrustscheiben (je etwa 160 g)**
- **Salz**
- **frisch gemahlener Pfeffer**

Für die Füllung:

- **250 g TK- Blattspinat**
- **3 Zwiebeln**
- **100 g Butter**
- **2 EL Speiseöl**
- **400 g Geflügelleber**
- **200 g Weißbrotwürfel**
- **2 EL gehackte Petersilie**
- **geriebene Muskatnuss**
- **3 Eigelb**
- **2 EL Cognac**

Außerdem:

- **Küchengarn oder Holzstäbchen**
- **8 kleine Bögen Alufolie**
- **Butter zum Bestreichen**

Nach Belieben:

- **1 1/2 – 2 kg gedünstete Porree- (Lauch-) und Zwiebelringe**

1 Putenbrustfilets unter fließendem kalten Wasser abspülen und trockentupfen. Die Filets in einen Gefrierbeutel legen und mit Hilfe einer Teigrolle flach klopfen. Filets herausnehmen. Mit Salz und Pfeffer würzen.

2 Für die Füllung Spinat nach Packungsanleitung auftauen lassen. Zwiebeln abziehen und in kleine Würfel schneiden. Die Hälfte der Butter in einer Pfanne erhitzen, Speiseöl mit erhitzen. Zwiebelwürfel darin glasig dünsten. Geflügelleber in Würfel schneiden, hinzugeben und mit andünsten.

3 Restliche Butter in einer Pfanne zerlassen. Weißbrotwürfel unter mehrmaligem Wenden darin goldbraun rösten und zu den Geflügelleberwürfeln geben. Aufgetauten Spinat, Petersilie und Muskat hinzugeben. Die Pfanne von der Kochstelle nehmen. Die Masse etwas abkühlen lassen. Eigelb und Cognac unterrühren. Mit Salz und Pfeffer würzen.

4 Die Füllung auf den Filetscheiben verteilen. Die Filetscheiben von der schmalen Seite her aufrollen und mit Küchengarn oder Holzstäbchen zusammenhalten.

5 Die Rouladen jeweils auf einen mit Butter bestrichenen Bogen Alufolie legen. Die Folie fest verschließen. Die Rouladenpäckchen auf ein Backblech legen. Das Backblech in den Backofen schieben.

Ober-/Unterhitze: etwa 180 °C (vorgeheizt)
Heißluft: etwa 160 °C (vorgeheizt)
Gas: Stufe 2–3 (vorgeheizt)
Garzeit: etwa 30 Min.

6 Die Rouladen aus der Folie nehmen (Küchengarn oder Holzstäbchen entfernen) und auf einer Platte nach Belieben mit den gedünsteten Porree- und Zwiebelringen anrichten.

Beilage:
Kartoffelgratin: Für das Gratin Kartoffelscheiben am Vortag kurz blanchieren, in eine Auflaufform geben und mit etwas eingekochter Schlagsahne übergießen, kalt stellen. Gratin am Tage des Verzehrs mit Parmesan-Käse bestreuen und im Backofen bei der unter Punkt 5 angegebenen Backofeneinstellung etwa 1 Stunde backen.

Perlhuhnröllchen mit glasierten Kartoffeln

Zubereitungszeit: 110 Min.
Garzeit: etwa 35 Min.

Pro Portion:
E: 40 g, F: 23 g, Kh: 25 g,
kJ: 2063, kcal: 493

- **2 Stangen Porree (Lauch)**
- **4 Möhren**
- **6 EL Speiseöl**
- **2 EL Zuckerrübensirup**
- **8–10 Perlhuhnbrustfilets (je etwa 150 g)**
- **Salz**
- **frisch gemahlener Pfeffer**
- **250 ml (1/4 l) trockener Weißwein**

- **250 ml (1/4 l) Schlagsahne**

Nach Belieben:
- **1 EL Speisestärke**
- **2 EL Wasser**
- **etwa 4 EL Sojasauce**

- **1,5 kg Kartoffeln**
- **6 EL Speiseöl**
- **3–4 EL Zuckerrübensirup**

Außerdem:
- **Holzstäbchen**

1 Porree putzen, die Stangen längs halbieren, waschen, abtropfen lassen und in feine Streifen schneiden. Möhren putzen, schälen, waschen, abtropfen lassen und ebenfalls in feine Streifen schneiden.

2 1 Esslöffel von dem Speiseöl in einer Pfanne erhitzen. Porree- und Möhrenstreifen darin fast gar dünsten. Zuckerrübensirup hinzufügen und unterrühren.

3 Filetscheiben unter fließendem kalten Wasser abspülen, trockentupfen und etwas flach klopfen. Filetscheiben mit 3 Esslöffeln von dem Speiseöl bepinseln. Mit Salz und Pfeffer würzen.

4 Jeweils 1 Esslöffel von den Gemüsestreifen auf den Filetscheiben verteilen und von der schmalen Seite her aufrollen. Mit Holzstäbchen feststecken. Restliches Speiseöl in einer Pfanne erhitzen. Die Fleischröllchen von allen Seiten darin anbraten. Wein hinzugießen, zugedeckt bei schwacher Hitze etwa 15 Minuten garen lassen.

5 Die garen Fleischröllchen herausnehmen (Holzstäbchen entfernen), auf einer Platte anrichten und zugedeckt warm stellen.

6 Sahne zur Schmorflüssigkeit geben, unterrühren, zum Kochen bringen und etwas einkochen lassen. Die Sauce nach Belieben mit angerührter Speisestärke binden. Mit Pfeffer und Sojasauce abschmecken.

7 Kartoffeln waschen, schälen, abspülen und abtropfen lassen. Aus den Kartoffeln mit einem Kugelausstecher kleine Kugeln ausstechen.

8 Speiseöl in einer beschichteten Pfanne erhitzen. Kartoffelkugeln hinzugeben und unter ständigem Wenden in etwa 20 Minuten gar braten. Zuletzt Zuckerrübensirup hinzufügen. Die Kartoffelkugeln in eine flache Auflaufform geben. Die Form auf dem Rost in den Backofen schieben und die Kartoffeln etwa 10 Minuten karamellisieren lassen.

Ober-/Unterhitze:
etwa 180 °C (vorgeheizt)
Heißluft: etwa 160 °C (vorgeheizt)
Gas: etwa Stufe 2–3 (vorgeheizt)
Karamellisierzeit: etwa 10 Min.

9 Die Perlhuhnröllchen mit den glasierten Kartoffeln und der Sauce servieren.

Grosse Putenroulade

Zubereitungszeit: 90 Min.
Garzeit: etwa 45 Min.

Pro Portion:
E: 53 g, F: 21 g, Kh: 7 g,
kJ: 1790, kcal: 430

- **100 g Schalotten**
- **800 g Möhren**
- **4 EL Speiseöl**
- **100 g Kürbiskerne**
- **1 EL Walnussöl**
- **Salz**
- **frisch gemahlener Pfeffer**
- **1 Putenbrust (etwa 1,8 kg; vom Metzger so einschneiden lassen, dass eine möglichst große, flache Roulade entsteht)**
- **500 ml (1/2 l) heiße Gemüsebrühe**

- **1 Becher (250 g) Crème fraîche**

Zum Garnieren:
- **Petersilie**

Außerdem:
- **Küchengarn**

1 Schalotten abziehen und in kleine Würfel schneiden. Möhren putzen, schälen, waschen und abtropfen lassen. 300 g von den Möhren grob raspeln. 2 Esslöffel von dem Speiseöl in einem Topf erhitzen. Schalottenwürfel darin glasig dünsten. Möhrenraspel hinzufügen und zugedeckt etwa 5 Minuten dünsten lassen.

2 Kürbiskerne hacken, mit Walnussöl verrühren und zu den Möhrenraspeln geben. Mit Salz und Pfeffer würzen.

3 Putenbrust unter fließendem kalten Wasser abspülen, trockentupfen und auf eine Arbeitsfläche legen, evtl. etwas flach klopfen oder rollen. Mit Salz und Pfeffer würzen. Möhrenmasse darauf verteilen. Putenbrust aufrollen und mit Küchengarn fest umwickeln (wie bei einem Rollbraten). Die restlichen Möhren in Scheiben schneiden.

4 Restliches Speiseöl in einem großen Bräter erhitzen. Die Roulade von allen Seiten darin anbraten. Brühe hinzugießen, Möhrenscheiben hinzufügen und aufkochen lassen.

5 Den Bräter auf dem Rost in den Backofen schieben.

Ober-/Unterhitze:
etwas 200 °C (vorgeheizt)
Heißluft: etwa 180 °C
(nicht vorgeheizt)
Gas: Stufe 3–4 (nicht vorgeheizt)
Garzeit: etwa 45 Min.

6 Die gare Roulade herausnehmen (Küchengarn entfernen), in Scheiben schneiden, auf einer vorgewärmten Platte anrichten und zugedeckt warm stellen.

7 Den Bratensud mit den Möhrenscheiben in einen hohen Topf geben und pürieren. Crème fraîche unterrühren. Die Sauce mit Salz und Pfeffer abschmecken.

8 Petersilie abspülen und trockentupfen. Die Blättchen von den Stängeln zupfen. Blättchen fein hacken. Die Rouladenscheiben mit Petersilie garnieren und mit der Sauce servieren.

Beilage:
Kartoffelknödel oder Spätzle.

Tipp:
Die Sauce zusätzlich mit Currypulver abschmecken.

Putenröllchen in Wermutsauce

Zubereitungszeit: 100 Min.
Schmorzeit: 20–25 Min.

Pro Portion:
E: 32 g, F: 18 g, Kh: 5 g,
kJ: 1395, kcal: 335

- **3 Möhren**
- **Salzwasser**
- **400 g Blattspinat**
- **Wasser**
- **8–10 Putenbrustfilets (je 125 g)**
- **4 TL grüner Kräutersenf**
- **frisch gemahlener Pfeffer**
- **60 g Butterschmalz**
- **200 ml Wermut**

- **2 Becher (je 150 g) Crème fraîche**
- **1 EL mittelscharfer Senf**
- **Salz**

Außerdem:

- **Holzstäbchen oder Küchengarn**

1 Möhren putzen, schälen, waschen, abtropfen lassen und in Streifen schneiden. Möhrenstreifen in kochendem Salzwasser etwa 5 Minuten garen, in ein Sieb geben und abtropfen lassen. Spinat verlesen, gründlich waschen und abtropfen lassen. Wasser in einem Topf zum Kochen bringen. Spinat hinzugeben und kurz blanchieren. Anschließend in ein Sieb geben, mit kaltem Wasser übergießen und gut abtropfen lassen.

2 Putenbrustfilets abspülen, trockentupfen, evtl. etwas flach klopfen und dünn mit Kräutersenf bestreichen. Jeweils einige Spinatblätter und je 3 Möhrenstreifen darauf legen. Leicht mit Pfeffer bestreuen. Die Putenbrustfiletscheiben von der schmalen Seite her aufrollen. Mit Holzstäbchen oder Küchengarn zusammenhalten.

3 Butterschmalz in einem Topf erhitzen. Die Putenröllchen von allen Seiten darin anbraten. Wermut hinzugießen und zugedeckt bei schwacher Hitze 20–25 Minuten schmoren lassen. Putenröllchen herausnehmen (Holzstäbchen oder Küchengarn entfernen) und zugedeckt warm stellen.

4 Crème fraîche und Senf unter die Schmorflüssigkeit rühren, nochmals erhitzen. Mit Salz und Pfeffer abschmecken. Die Sauce auf Tellern verteilen. Die Putenröllchen in Scheiben schneiden und darauf anrichten.

Beilage:
Spätzle, Risi-Bisi (Reisgericht mit Erbsen) oder Risotto mit Parmesan-Käse bestreut.

Putenrouladen mit Schafkäse und Paprikareis

Zubereitungszeit: 60 Min.
Garzeit: Rouladen etwa 25 Min., Reis 15–20 Min.

Pro Portion:
E: 44 g, F: 31 g, Kh: 49 g, kJ: 2747, kcal: 657

Für den Paprikareis:
- **3 l kochendes Salzwasser**
- **500 g Langkornreis**
- **1 grüne und 2 rote Paprikaschoten**
- **4 EL Olivenöl**
- **Salz, Pfeffer**

- **8–10 dünne Putenschnitzel (je etwa 130 g)**
- **300 g Schafkäse**
- **3 Eigelb**
- **2 gestr. TL gehackter Estragon**
- **1 Pck. (25 g) TK-Basilikum**
- **4 EL Speiseöl**
- **2 geh. EL Weizenmehl**
- **250 ml (1/4 l) heiße Fleischbrühe**
- **1 EL Sherry medium**
- **400 ml Schlagsahne**

Außerdem:
- **Küchengarn oder Rouladennadeln**

1 Für den Paprikareis Salzwasser in einem Topf zum Kochen bringen, Langkornreis hinzufügen und zugedeckt in 15–20 Minuten ausquellen lassen. Reis in ein Sieb geben, mit kaltem Wasser übergießen und abtropfen lassen.

2 Paprika halbieren, entstielen, entkernen, die weißen Scheidewände entfernen. Schoten waschen und in kleine Würfel schneiden. Olivenöl in einem großen Topf erhitzen. Paprikawürfel zugedeckt darin gar dünsten. Reis hinzugeben und untermischen. Mit Salz und Pfeffer abschmecken. Paprikareis warm stellen.

3 Putenschnitzel unter fließendem kalten Wasser abspülen, trockentupfen und evtl. etwas flach klopfen. Schafkäse in eine Schüssel geben und zerbröseln. Eigelb, Estragon und Basilikum hinzufügen. Die Zutaten mit Handrührgerät mit Rührbesen verrühren. Mit Salz und Pfeffer würzen.

4 Die Schafkäse-Kräuter-Masse auf den Schnitzelscheiben verteilen und von der schmalen Seite her aufrollen. Mit Küchengarn oder Rouladennadeln zusammenhalten.

5 Speiseöl in einer Pfanne erhitzen. Die Putenrouladen mit etwas Mehl bestäuben, portionsweise von allen Seiten darin anbraten und in eine flache Auflaufform legen. Brühe hinzugießen, zum Kochen bringen. Sherry und Sahne unterrühren. Die Form ohne Deckel auf dem Rost in den Backofen schieben.

Ober-/Unterhitze: etwa 200 °C (vorgeheizt)
Heißluft: etwa 180 °C (vorgeheizt)
Gas: Stufe 3–4 (vorgeheizt)
Garzeit: etwa 25 Min.

6 Putenrouladen herausnehmen. Küchengarn oder Rouladennadeln entfernen. Sauce mit Salz und Pfeffer abschmecken. Putenrouladen mit dem Paprikareis und der Sauce sofort servieren.

Hähnchenrollen mit Schafkäse-Gemüse-Füllung

Zubereitungszeit: 45 Min., ohne Abkühlzeit
Schmorzeit: etwa 25 Min.

Pro Portion:
E: 60 g, F: 30 g, Kh: 10 g, kJ: 2297, kcal: 549

- **8–10 Hähnchenbrustfilets (je etwa 200 g)**
- **Salz, Pfeffer**

Für die Füllung:

- **4 Knoblauchzehen**
- **3 geh. EL mittelscharfer Senf**
- **3 geh. EL Tomatenmark**
- **2 Zwiebeln**
- **2 Stangen Porree (Lauch)**
- **2 rote Paprikaschoten**
- **4 EL Olivenöl**
- **300 g Schafkäse**
- **4 Eier**
- **2 EL Semmelbrösel**

- **4 EL Olivenöl**
- **2 Zwiebeln, 8 Tomaten**
- **1 Pck. Finesse Geriebene Zitronenschale**
- **Wasser**
- **250 ml (1/4 l) Schlagsahne**
- **1 Bund Zitronenmelisse**
- **200 g Naturjoghurt**

Außerdem:

- **Küchengarn**

1 Hähnchenbrustfilets der Länge nach halbieren, so dass 16–20 dünne Schnitzel entstehen, etwas flach drücken. Die Hähnchenschnitzel unter fließendem kalten Wasser abspülen und trockentupfen. Mit Salz und Pfeffer kräftig würzen.

2 Für die Füllung Knoblauch abziehen, mit Salz zerreiben. Die Knoblauchpaste mit Senf und Tomatenmark verrühren. Die Hähnchenschnitzel damit bestreichen.

3 Zwiebeln abziehen. Porree putzen, die Stangen längs halbieren, waschen und abtropfen lassen. Paprika halbieren, entstielen, entkernen, die weißen Scheidewände entfernen. Schoten waschen und abtropfen lassen. Zwiebeln, Porree und Paprika in kleine Würfel oder Streifen schneiden. Olivenöl in einem Topf erhitzen. Zwiebel-, Porree- und Paprikawürfel oder -streifen unter Rühren darin glasig dünsten. Gemüse abkühlen lassen. Schafkäse zerbröseln und mit den Eiern unterrühren. Mit Salz und Pfeffer kräftig würzen. Mit Semmelbröseln binden.

4 Die Gemüsemasse auf den Schnitzelscheiben verteilen und von der schmalen Seite her aufrollen, mit Küchengarn umwickeln. Olivenöl in einem großen, breiten Topf erhitzen, die Hähnchenrollen (evtl. in 2 Portionen) von allen Seiten darin anbraten. Zwiebeln abziehen, in feine Würfel schneiden und hinzugeben.

5 Tomaten waschen, abtropfen lassen, kreuzweise einschneiden und einige Sekunden in kochendes Wasser legen. Tomaten kurz in kaltes Wasser legen, enthäuten, halbieren, entkernen, Stängelansätze herausschneiden. Fruchtfleisch in kleine Würfel schneiden. Tomatenwürfel mit Zitronenschale zu den Hähnchenrollen geben, zum Kochen bringen und zugedeckt bei schwacher Hitze etwa 25 Minuten schmoren lassen, etwas Wasser hinzugießen.

6 Die garen Hähnchenrollen herausnehmen (Küchengarn entfernen), auf einer Platte anrichten und zugedeckt warm stellen. Die Schmorflüssigkeit mit Sahne verrühren und aufkochen lassen. Mit Salz und Pfeffer kräftig abschmecken.

(Fortsetzung Seite 60)

7 Zitronenmelisse abspülen und trockentupfen (einige Zweige zum Garnieren beiseite legen). Die Blättchen von den Stängeln zupfen. Blättchen klein schneiden und mit dem Joghurt unter die Sauce rühren. Nochmals erhitzen (nicht kochen lassen).

8 Die Sauce auf den Hähnchenrollen verteilen und mit den beiseite gelegten Melissezweigen garniert servieren.

Putenrouladen

Zubereitungszeit: 85 Min.
Garzeit: etwa 20 Min.

Pro Portion:
E: 41 g, F: 13 g, Kh: 3 g,
kJ: 1290, kcal: 309

- **10 Putenschnitzel (je 120 g)**
- **5 EL Sojasauce**
- **frisch gemahlener Pfeffer**

Für die Füllung:

- **2 Porreestangen (Lauch, etwa 200 g)**
- **100 g frische Sojasprossen**
- **40 g Butter, Cayennepfeffer**
- **8 dünne Scheiben magerer Speck, 50 g Butterschmalz**
- **125 ml ($^1/_8$ l) Weißwein**
- **125 ml ($^1/_8$ l) Fleischbrühe**

- **2 gestr. EL Weizenmehl**
- **5 EL Wasser**
- **Salz**

Außerdem:

- **Holzstäbchen**

1 Putenschnitzel unter fließendem kalten Wasser abspülen, trockentupfen und flach klopfen. Mit etwas von der Sojasauce beträufeln und mit Pfeffer bestreuen. 2 Schnitzel in kleine Würfel schneiden.

2 Für die Füllung Porree putzen, die Stangen längs halbieren, waschen, abtropfen lassen, zuerst in 4 cm lange Stücke, dann längs in dünne Streifen schneiden. Sojasprossen abspülen und abtropfen lassen.

3 Butter in einer Pfanne zerlassen. Porreestreifen und Sojasprossen darin dünsten.

4 Putenwürfel hinzugeben und mit den Sojasprossen und Porreestreifen vermengen, mit etwas Cayennepfeffer und der restlichen Sojasauce würzen.

5 Putenschnitzel mit je einer Scheibe Speck belegen, jeweils etwas von der Füllung darauf verteilen und von der schmalen Seite her aufrollen. Mit Holzstäbchen zusammenhalten.

6 Butterschmalz in einer Pfanne erhitzen. Die Rouladen von allen Seiten darin anbraten und unter gelegentlichem Wenden zugedeckt etwa 20 Minuten bei schwacher Hitze garen. Nach und nach Wein und Brühe hinzugießen.

7 Die garen Rouladen herausnehmen (Holzstäbchen oder Küchengarn entfernen) und auf einer vorgewärmten Platte anrichten.

8 Mehl mit Wasser anrühren. Das angerührte Mehl mit einem Schneebesen in die Bratenflüssigkeit rühren und unter Rühren kurz aufkochen lassen. Mit Salz und Pfeffer abschmecken. Die Rouladen mit der Sauce servieren.

Wildschweinrouladen

Zubereitungszeit: 65 Min.
Schmorzeit: etwa 45 Min.

Pro Portion:
E: 31 g, F: 22 g, Kh: 12 g,
kJ: 1627, kcal: 388

- **8–10 Wildschweinschnitzel aus dem Schinken oder aus der Hüfte (je etwa 120 g)**
- **Salz**
- **frisch gemahlener Pfeffer**

Für die Füllung:

- **5 Zwiebeln**
- **40 g Butter**
- **10 gekochte Esskastanien oder 1 Dose Esskastanien (Abtropfgewicht 260 g)**
- **300 g Schweinemett**
- **3 EL Schlagsahne**
- **gemahlener Rosmarin**
- **gehackter Thymian**

- **3 Möhren**
- **150 g Knollensellerie**
- **50 g Butterschmalz**
- **2 EL Tomatenmark**
- **375 ml (3/8 l) herber Rotwein**

Außerdem:

- **Holzstäbchen oder Küchengarn**

1 Schnitzel abspülen, trockentupfen und etwas flach drücken. Mit Salz und Pfeffer würzen.

2 Für die Füllung Zwiebeln abziehen und in kleine Würfel schneiden. Butter in einer Pfanne zerlassen. Zwiebelwürfel darin glasig dünsten. Kastanien klein hacken. Kastanien aus der Dose vorher in einem Sieb abtropfen lassen.

3 Mett in eine Schüssel geben. Zwiebelwürfel, Kastanienstückchen, Sahne, Rosmarin, Thymian, Salz und Pfeffer hinzugeben. Die Zutaten gut vermengen und auf den Schnitzeln verteilen, die Seiten einschlagen und von der längeren Seite her aufrollen. Mit Holzstäbchen oder Küchengarn zusammenhalten.

4 Möhren und Sellerie putzen, schälen, waschen, abtropfen lassen und in kleine Würfel schneiden.

5 Schmalz in einem Topf erhitzen. Die Rouladen von allen Seiten darin anbraten. Zwiebel-, Möhren-, Selleriewürfel und Tomatenmark hinzufügen und mit andünsten. Rotwein hinzugießen. Die Rouladen zugedeckt bei schwacher Hitze etwa 45 Minuten darin schmoren, dabei zwischendurch wenden.

6 Die garen Rouladen herausnehmen (Holzstäbchen oder Küchengarn entfernen), auf einer vorgewärmten Platte anrichten und zugedeckt warm stellen.

7 Die Sauce (evtl. etwas Wasser hinzufügen) pürieren und etwas einkochen lassen. Mit Salz und Pfeffer abschmecken. Die Rouladen mit der Sauce servieren.

- **Beilage:**
Spätzle.

Fischrouladen in Senf-Sahne-Sauce

Zubereitungszeit: 40 Min.
Garzeit: etwa 25 Min.

Pro Portion:
E: 29 g, F: 27 g, Kh: 5 g,
kJ: 1567, kcal: 376

- **1,2 kg Fischfilet, z. B. Rotbarsch, Kabeljau**
- **Zitronensaft**
- **Salz**
- **etwa 2 EL Dijon-Senf**

Für die Senf-Sahne-Sauce:

- **2 Becher (je 125 g) Crème Double**
- **30 g Weizenmehl**
- **3–4 schwach geh. EL Dijon-Senf**
- **250 ml (1/4 l) Schlagsahne**
- **Zitronensaft**
- **100 g geriebener Käse, z. B. Gouda**

- **einige Dillzweige**

Außerdem:

- **evtl. Holzstäbchen**

1 Fischfilets unter fließendem kalten Wasser abspülen und trockentupfen. Filets mit Zitronensaft beträufeln, mit Salz bestreuen und in 8–10 große flache Streifen schneiden, so dass sie gut zu Rouladen gerollt werden können.

2 Die Fischstreifen mit Senf bestreichen und von der schmalen Seite her aufrollen, evtl. mit einem Holzstäbchen zusammenstecken. Rouladen mit der Nahtseite nach unten in eine große flache Auflaufform legen.

3 Für die Sauce Crème Double, Mehl und Senf gut verrühren. Sahne unterrühren. Die Sauce mit Salz und Zitronensaft abschmecken und über die Fischrouladen gießen. Rouladen mit Käse bestreuen. Die Form auf dem Rost in den Backofen schieben.

Ober-/Unterhitze:
180–200 °C (vorgeheizt)
Heißluft: 160–180 °C (vorgeheizt)
Gas: Stufe 3–4 (vorgeheizt)
Garzeit: etwa 25 Min.

4 Dill abspülen und trockentupfen. Die Rouladen (Holzstäbchen entfernen) mit Dill garniert servieren.

- **Beilage:**

Reis, Salatplatte.

Seelachsrouladen in Tomatensauce

Zubereitungszeit: 95 Min.
Garzeit: 15–20 Min.

Pro Portion:
E: 23 g, F: 4 g, Kh: 3 g,
kJ: 599 , kcal: 143

- **1,2 kg Seelachsfilet**
- **2 EL Zitronensaft**
- **Salz**
- **Selleriesalz**
- **Paprikapulver edelsüß**
- **2 gestr. EL mittelscharfer Senf**

Für die Tomatensauce:

- **2 Zwiebeln**
- **500 g Tomaten**
- **30 g Butter oder Margarine**
- **250 ml (1/4 l) Gemüsebrühe**
- **1 Dose (400 g) passierte Tomaten**
- **3 geh. EL Tomatenmark**
- **Tabasco**

Außerdem:

- **Holzstäbchen**

1 Seelachsfilet unter fließendem kalten Wasser abspülen, trockentupfen und mit Zitronensaft beträufeln. Mit Salz, Selleriesalz und Paprika bestreuen und in 10 gleich große Scheiben schneiden. Seelachsscheiben mit Senf bestreichen und von der schmalen Seite her aufrollen. Mit Holzstäbchen feststecken.

2 Für die Sauce Zwiebeln abziehen und in kleine Würfel schneiden. Tomaten waschen, abtrocknen, die Stängelansätze herausschneiden. Tomaten in Stücke schneiden.

3 Butter oder Margarine in einem Topf zerlassen. Zwiebelwürfel und Tomatenstücke unter Rühren darin andünsten. Brühe und Tomatenpüree hinzufügen, unter Rühren zum Kochen bringen und unter Rühren etwas einkochen lassen. Mit Selleriesalz, Salz, Paprika, Tomatenmark und Tabasco abschmecken.

4 Die Sauce nochmals zum Kochen bringen. Die Rouladen hinzugeben und zugedeckt bei schwacher Hitze 15–20 Minuten gar ziehen lassen. Vor dem Servieren Holzstäbchen entfernen.

Beilage:
Bandnudeln oder Reis mit roten, grünen und gelben Paprikawürfeln gemischt.

Veränderung:
Je eine kleine Gewürzgurke in die Rouladen einwickeln oder anstelle von Seelachsfilet Rotbarsch- oder Kabeljaufilet verwenden.

Gedünstete Schollenrouladen

Zubereitungszeit: 65 Min., ohne Kühlzeit
Garzeit: 30–35 Min.

Pro Portion:
E: 26 g, F: 16 g, Kh: 3 g, kJ: 1122, kcal: 268

Für die Füllung:
- **250 g Schollenfilets (ohne Haut und Gräten)**
- **150 g gebeizter Lachs (Graved Lachs, in Scheiben)**
- **1 Ei**
- **100 ml Schlagsahne**
- **Salz**
- **Cayennepfeffer**

Für den Sud:
- **1 Zwiebel**
- **200 ml Weißwein**
- **½ TL Fenchelsamen**
- **300 ml Fischfond oder Gemüsebrühe**
- **2 Lorbeerblätter**
- **1 TL weiße Pfefferkörner**
- **1 Bund Dill**
- **2–3 EL Zitronensaft**

- **8 Schollenfilets (je 100 g, ohne Haut und Gräten)**

Für die Sauce:
- **1 Bund Dill**
- **200 ml Schlagsahne**
- **1–2 EL Speisestärke**
- **frisch gemahlener Pfeffer**
- **Zucker**

Außerdem:
- **Holzstäbchen**

1 Für die Füllung Schollenfilets unter fließendem kalten Wasser abspülen und trockentupfen. Schollenfilets und Lachsscheiben in sehr kleine Würfel schneiden, mischen und die Masse halbieren.

2 Jeweils eine Hälfte der Fischwürfel mit etwas von dem Ei und der Hälfte der Sahne in einen hohen Rührbecher geben und sehr fein pürieren, bis eine homogene Masse entstanden ist. Mit Salz und Cayennepfeffer würzen. Etwa 30 Minuten kalt stellen.

3 Für den Sud Zwiebel abziehen, halbieren und in Streifen schneiden. Zwiebelstreifen, Wein, Fenchelsamen, Fond oder Brühe, Lorbeerblätter, Salz und Pfefferkörner in einen Topf geben, zum Kochen bringen und zugedeckt bei schwacher Hitze etwa 20 Minuten ziehen lassen. Dill abspülen, trockentupfen und in kleine Zweige zupfen. Den Sud durch ein Sieb gießen, mit Salz und Zitronensaft würzen.

4 Schollenfilets unter fließendem kalten Wasser abspülen, trockentupfen und mit der Außenseite (graue Seite) nach oben auf eine Arbeitsfläche legen. Schollenfilets mit Salz bestreuen und mit der Füllung bestreichen, dabei die Spitze der Filets frei lassen. Dillzweige darauf verteilen. Die Filets zur Spitze hin aufrollen. Jeweils ein Holzstäbchen quer durch die Röllchen stechen.

5 Den Sud in eine Fettfangschale gießen. Die Rouladen aufrecht hineinstellen. Die Fettfangschale in den Backofen schieben.

Ober-/Unterhitze: etwa 180 °C (vorgeheizt)
Heißluft: etwa 160 °C (nicht vorgeheizt)
Gas: Stufe 2–3 (nicht vorgeheizt)
Garzeit: 30–35 Min.

6 Die garen Rouladen herausnehmen (Holzstäbchen entfernen), auf einer vorgewärmten Platte anrichten und zugedeckt warm stellen.

(Fortsetzung Seite 70)

7 Für die Sauce Dill abspülen und trockentupfen. Die Spitzen von den Stängeln zupfen. Spitzen grob hacken. Den Sud (etwa 300 ml) durch ein Sieb in einen Topf geben und zum Kochen bringen. Sahne und Speisestärke verrühren. Angerührte Speisestärke unter Rühren in den Sud geben und unter Rühren kurz aufkochen lassen. Mit Salz, Pfeffer und Zucker abschmecken. Dill unterrühren. Die Rouladen mit der Sauce servieren.

Tipp:
Um zu prüfen, ob die Füllung die richtige Konsistenz hat, 1 Teelöffel davon in siedendes Salzwasser geben. Bleibt die Form der Masse erhalten, ist die Füllung gut. Zerfällt sie, muss die Masse nochmals püriert, durch ein Sieb gestrichen und mindestens 1 Stunde kalt gestellt werden.

Sizilianische Fischrouladen

Zubereitungszeit: 40 Min.
Garzeit: etwa 15 Min.

Pro Portion:
E: 35 g, F: 20 g, Kh: 4 g,
kJ: 1475, kcal: 351

- **8 Rotbarschfilets (je 120–150 g)**
- **Saft von 1 Zitrone, Salz**
- **2 EL gehackte Petersilie**
- **2 EL körniger Senf**
- **8 Scheiben Gouda-Käse**
- **8 Sardellenfilets**
- **1 große Gewürzgurke**
- **einige Zweige Thymian**
- **50 g Butter oder Margarine**
- **125 ml (1/8 l) Weißwein**
- **125 ml (1/8 l) Gemüsebrühe**
- **3 EL Tomatenmark**
- **1 Dose (400 g) stückige Tomaten, Pfeffer**
- **20 g Weizenmehl**
- **20 g Butter**

Außerdem:
- **Küchengarn**
- **Kapernäpfel**
- **Zitronenschalenstreifen (unbehandelt)**

1 Von den Rotbarschfilets Gräten entfernen. Rotbarschfilets unter fließendem kalten Wasser abspülen, trockentupfen, mit Zitronensaft beträufeln und mit Salz würzen. Petersilie abspülen und trockentupfen. Die Blättchen von den Stängeln zupfen. Blättchen fein hacken. Die Rotbarschfilets mit der Hautseite nach unten auf eine Arbeitsfläche legen und dünn mit Senf bestreichen. Petersilie darüber streuen.

2 Käse, Sardellenfilets und Gurke in Streifen schneiden, gleichmäßig auf den Rotbarschfilets verteilen und die Filets von der schmalen Seite her aufrollen. Mit Küchengarn umwickeln.

3 Thymian abspülen und trockentupfen. Butter oder Margarine in einem Topf zerlassen. Rouladen vorsichtig von allen Seiten darin anbraten. Weißwein und Brühe hinzugießen, Thymian hinzugeben, zum Kochen bringen und die Rouladen 10–15 Minuten darin ziehen lassen.

4 Die garen Rouladen vorsichtig herausnehmen (Küchengarn entfernen) und warm stellen.

5 Den Fischsud mit Tomatenmark und den stückigen Tomaten verrühren. Mit Salz und Pfeffer würzen. Mehl und Butter mit einer Gabel verkneten, zum Fischsud geben und unter Rühren nochmals kurz aufkochen lassen. Mit Salz und Pfeffer abschmecken. Die Fischrouladen in die Sauce legen, mit Kapernäfeln und Zitronenschalenstreifen garnieren, sofort servieren.

Zanderrouladen

Zubereitungszeit: 60 Min., ohne Abkühlzeit
Garzeit: etwa 30 Min.

Pro Portion:
E: 31 g, F: 11 g, Kh: 4 g, kJ: 1079, kcal: 257

- **300 g Tomaten**
- **½ (250 g) Endivienkopf (Escariol)**
- **20 g Butter**
- **½ TL Zitronenschale, Salz**
- **1 Stange Porree (Lauch, 450 g)**
- **etwas Salzwasser**
- **4 Zanderfilets (ohne Haut, je 300 g)**
- **250 ml (¼ l) Fischfond oder Gemüsebrühe**
- **125 ml (⅛ l) Weißwein**

- **20 g Butter, 2 Bund Kerbel**
- **1–2 EL Speisestärke**
- **150 ml Schlagsahne**
- **frisch gemahlener Pfeffer**
- **Zitronensaft**

Außerdem:
- **Küchengarn**

1 Tomaten waschen, abtropfen lassen, kreuzweise einschneiden und kurz in kochendes Wasser legen. Tomaten in kaltem Wasser abschrecken, enthäuten, halbieren, entkernen, Stängelansätze herausschneiden. Tomaten in Würfel schneiden. Salat putzen, waschen, trockenschleudern. Blätter in feine Streifen schneiden.

2 Butter in einem Topf zerlassen, Endivienstreifen unter Rühren darin andünsten, bis sie zusammengefallen sind. Zitronenschale unterrühren. Mit Salz würzen, abkühlen lassen. Porree putzen, Stange zuerst quer, dann beide Stücke längs halbieren, waschen, abtropfen lassen, Wurzelende abschneiden. Porree in Blätter teilen, kurz in kochendem Salzwasser blanchieren, mit kaltem Wasser übergießen, abtropfen lassen.

3 Von den Zanderfilets Gräten entfernen. Filets unter fließendem kalten Wasser abspülen, trockentupfen. Filets in 4 Stücke schneiden. 8 Filetstücke mit der Innenseite nach oben auf eine Arbeitsfläche legen. Mit Salz bestreuen. Nacheinander Endivienstreifen und Tomatenwürfel darauf verteilen. Restliche Zanderfilets auf der Innenseite mit Salz bestreuen, mit der gesalzenen Seite nach unten auf die Füllung legen. Jeweils 3–4 breite Porreeblätter der Länge nach leicht überlappend in der Breite der Zanderstücke nebeneinander legen. Zanderstücke darin einrollen, mit Küchengarn wie zu einem Päckchen verschnüren.

4 Die restlichen Porreeblätter klein schneiden, in eine Fettfangschale legen. Fond oder Brühe, Weißwein und Butter hinzugeben. Rouladen hineinlegen. Die Fettfangschale in den Backofen schieben.

Ober-/Unterhitze: etwa 180 °C (vorgeheizt)
Heißluft: etwa 160 °C (vorgeheizt)
Gas: Stufe: 2–3 (vorgeheizt)
Garzeit: etwa 30 Min.

5 Die garen Rouladen aus der Fettfangschale nehmen (Küchengarn entfernen), warm stellen. Kerbel abspülen und trockentupfen. Die Blättchen von den Stängeln zupfen. Blättchen (einige Blättchen beiseite legen) fein hacken.

6 Den Sud (etwa 350 ml) durch ein Sieb in einen Topf gießen. Speisestärke mit Sahne anrühren, in den Sud rühren, unter Rühren kurz aufkochen lassen. Mit Salz, Pfeffer und Zitronensaft würzen. Kerbel unterrühren. Rouladen mit der Sauce anrichten, mit den beiseite gelegten Kerbelblättchen garnieren.

Rotkohlrouladen mit Grünkernfüllung

Zubereitungszeit: 90 Min., ohne Quellzeit
Garzeit: etwa 45 Min.

Pro Portion:
E: 7 g, F: 24 g, Kh: 39 g, kJ: 1667, kcal: 398

- **3 l Wasser**
- **3 TL Salz**
- **50 ml Weißwein- oder Rotweinessig**
- **1 großer Kopf Rotkohl (etwa 1,5 kg)**

Für die Füllung:
- **3 Zwiebeln**
- **5 EL Maiskeimöl**
- **250 g Grünkernschrot**
- **1 l Gemüsebrühe**
- **150 g gehackte Haselnusskerne**
- **100 g Sultaninen**
- **Salz, Pfeffer**
- **gemahlene Nelken**
- **gemahlener Zimt**

- **6 EL Speiseöl**

- **200 ml (1/4 l) Apfelsaft**
- **250 ml (1/4 l) Gemüsebrühe**
- **3 EL Honig**
- **8 EL Tomatenketchup**

Außerdem:
- **Küchengarn oder Rouladennadeln**

1 In einem großen Topf Wasser zum Kochen bringen. Salz und Essig hinzufügen. Inzwischen von dem Rotkohl die äußeren welken Blätter entfernen. Den Kohl abspülen, den Strunk unten keilförmig herausschneiden. Den Kohl so lange in kochendes Wasser legen, bis sich die äußeren Blätter lösen. Diesen Vorgang wiederholen, bis etwa 20 Blätter sich lösen lassen und etwas weich sind. Die Blätter abtropfen lassen und mit Küchenpapier trockentupfen. Die dicken Blattrippen flach schneiden.

2 Für die Füllung Zwiebeln abziehen und in kleine Würfel schneiden. Maiskeimöl in einem Topf erhitzen. Zwiebelwürfel darin glasig dünsten. Grünkernschrot hinzufügen und ebenfalls kurz mit andünsten. Gemüsebrühe hinzugießen und zum Kochen bringen. Grünkernschrot etwa 15 Minuten bei schwacher Hitze darin ausquellen lassen, dabei häufig umrühren. Haselnusskerne und Sultaninen hinzugeben. Mit Salz, Pfeffer, Nelken und Zimt kräftig würzen.

3 Jeweils 2 Kohlblätter übereinander auf eine Arbeitsfläche legen und je 2 Esslöffel von der Grünkern-Nuss-Füllung darauf verteilen. Die Kohlblätter seitlich einschlagen und aufrollen. Mit Küchengarn oder Rouladennadeln zusammenhalten. Speiseöl in einem großen Bräter erhitzen. Rouladen vorsichtig von allen Seiten darin anbraten.

4 Apfelsaft, Brühe, Honig und Ketchup verrühren und über die Rouladen gießen. Den Bräter zugedeckt auf dem Rost in den Backofen schieben.

Ober-/Unterhitze: etwa 200 °C (vorgeheizt)
Heißluft: etwa 180 °C (nicht vorgeheizt)
Gas: Stufe 3–4 (nicht vorgeheizt)
Garzeit: etwa 45 Min.

5 Die garen Rouladen herausnehmen (Küchengarn oder Rouladennadeln entfernen) und auf einer vorgewärmten Platte anrichten. Die Sauce nach Belieben mit etwas angerührter Speisestärke binden.

Asiatische Gemüserollen

Zubereitungszeit: 110 Min., ohne Ruhe- und Abkühlzeit
Garzeit: etwa 50 Min.

Pro Portion:
E: 9 g, F: 9 g, Kh: 41 g, kJ: 1161, kcal: 278

- **400 g Hartweizengrieß**
- **3 EL Olivenöl**
- **1 gestr. TL Salz**
- **225 ml lauwarmes Wasser**

- **400 g Möhren**
- **400 g Porree (Lauch)**
- **1 Bund Frühlingszwiebeln**
- **1 kleine Dose (220 g) Bambussprossen**
- **1 kleine Dose (235 g) Bohnenkeimlinge**

- **2 EL Sojaöl**
- **2 EL Sojasauce**
- **1 TL Sambal Oelek**
- **1 TL Currypulver**
- **Paprika edelsüß**
- **Salz**

- **2 Eigelb**
- **2 EL Wasser**
- **evtl. etwas Vollkornmehl**

1 Grieß in eine Schüssel geben, eine Vertiefung hineindrücken, Olivenöl und Salz hinzugeben. Nach und nach Wasser hinzufügen. Die Zutaten zu einem glatten, geschmeidigen Teig verarbeiten. Den Teig etwa 5 Minuten gut durchkneten, zu einer Kugel formen und zugedeckt etwa 30 Minuten ruhen lassen.

2 Die Teigkugel nochmals durchkneten, zu einer Rolle formen und in 8 gleich große Portionen teilen. Jede Teigportion zu einer Kugel formen.

3 Möhren putzen, schälen, waschen. Porree putzen, die Stangen längs halbieren und gründlich waschen. Frühlingszwiebeln putzen und waschen. Möhren, Porree und Frühlingszwiebeln abtropfen lassen und in Streifen schneiden. Bambussprossen und Bohnenkeimlinge in einem Sieb abtropfen lassen.

Tipp:
Zu den Gemüserollen eine Meerrettich- oder Sojasauce reichen.

4 Sojaöl in einem Topf erhitzen. Möhren-, Porree-, Zwiebelstreifen, Bambussprossen und Bohnenkeimlinge hinzugeben und unter Rühren andünsten. Mit Sojasauce, Sambal Oelek, Curry, Paprika und Salz würzen. Gemüse etwas abkühlen lassen.

5 Die Teigkugeln zu dünnen, rechteckigen Fladen ausrollen, evtl. etwas Vollkornmehl hinzufügen. Die Gemüsemischung auf den Teigfladen verteilen, dabei rundherum einen 3–4 cm breiten Rand frei lassen. Eigelb mit Wasser verschlagen. Die Teigränder damit bestreichen. Die Gemüsefladen aufrollen, dabei die beiden äußeren Teigränder über die Füllung schlagen. Die Gemüserollen auf ein Backblech (mit Backpapier belegt), mit der Nahtseite nach unten, legen und mit dem restlichen verschlagenen Eigelb bestreichen. Das Backblech in den Backofen schieben.

Ober-/Unterhitze:
200–220 °C (vorgeheizt)
Heißluft: 180–200 °C (nicht vorgeheizt)
Gas: etwa Stufe 4 (nicht vorgeheizt)
Garzeit: etwa 50 Min.

Kohlrouladen mit Semmelfüllung

Zubereitungszeit: 2 Std., ohne Einweich- und Abkühlzeit
Garzeit: etwa 50 Min.

Pro Portion:
E: 17 g, F: 20 g, Kh: 56 g, kJ: 2047, kcal: 488

- **700 g Brötchen vom Vortag (Semmeln) oder 1–2 Tage alte Weißbrotscheiben**
- **750 ml (3/4 l) Milch**
- **150 g Porree (Lauch)**
- **50 g Butter**
- **Salz, Pfeffer**
- **150 g Zwiebeln**

- **Wasser**
- **2 Köpfe Weißkohl (je etwa 1, 5 kg)**

- **5 Eier (Größe M)**
- **frisch geriebene Muskatnuss**

- **70 g Butterschmalz**
- **200 ml Gemüsebrühe**
- **150 ml Weißwein**

- **1 1/2 Bund glatte Petersilie**

Außerdem:
- **Küchengarn**

1 Brötchen oder Brotscheiben in kleine Würfel schneiden, in eine Schüssel geben, mit der Milch einweichen. Porree putzen, Stange längs halbieren, waschen, abtropfen lassen, in feine Streifen schneiden. Butter in einer Pfanne zerlassen. Porreestreifen zugedeckt in etwa 5 Minuten darin dünsten. Mit Salz und Pfeffer würzen. Abkühlen lassen. Zwiebeln abziehen, in kleine Würfel schneiden, beiseite legen.

2 In einem großen Topf reichlich Wasser zum Kochen bringen. Salz hinzufügen (auf 1 l Wasser 1 Teelöffel Salz). Inzwischen von dem Kohl die äußeren welken Blätter entfernen. Den Kohl abspülen, Strunk unten keilförmig herausschneiden. Kohl so lange in kochendes Wasser legen, bis sich die äußeren Blätter lösen. Diesen Vorgang wiederholen, bis 24 Blätter sich lösen lassen und etwas weich sind. Die Blätter abtropfen lassen, mit Küchenpapier trockentupfen. Dicke Blattrippen flach schneiden. Restlichen Kohl (etwa 1,2 kg) in dünne Streifen schneiden.

3 Eier verschlagen, mit Salz, Pfeffer und Muskat kräftig würzen. Porreegemüse und Eier zu den Brotwürfeln geben, gut vermengen. Mit Salz und Pfeffer würzen. Die Masse in 12 Portionen teilen. Jeweils zwei Kohlblätter leicht überlappend aufeinander legen. Jeweils 1 Portion der Brot-Porree-Masse darauf verteilen. Blätter seitlich einschlagen und aufrollen. Mit Küchengarn umwickeln.

4 Butterschmalz in einem großen Bräter erhitzen. Rouladen portionsweise von allen Seiten darin anbraten, herausnehmen. Kohlstreifen und die beiseite gelegten Zwiebelwürfel in dem verbliebenen Bratfett andünsten. Brühe und Weißwein hinzugießen. Kohlrouladen auf das Gemüse legen und zugedeckt etwa 50 Minuten garen.

5 Die Rouladen herausnehmen (Küchengarn entfernen) und warm stellen. Petersilie abspülen, trockentupfen. Blättchen von den Stängeln zupfen. Blättchen fein hacken. Gemüse mit Salz und Pfeffer abschmecken, Petersilie unterrühren. Die Kohlrouladen mit dem Gemüse servieren.

Kohlrouladen, vegetarisch

Zubereitungszeit: 80 Min.
Garzeit: etwa 40 Min.

Pro Portion:
E: 5 g, F: 17 g, Kh: 9 g,
kJ: 898, kcal: 214

- **Wasser**
- **Salz**
- **1 großer Kopf Wirsing**

- **5 Möhren**
- **4 Zwiebeln**
- **6 EL Speiseöl**
- **60 g Margarine**
- **Salz**
- **frisch gemahlener Pfeffer**
- **2 TL getr. Liebstöckel**
- **1 TL Kümmelpulver**
- **400 ml Gemüsebrühe**

Zum Garnieren:

- **2 rote Paprikaschoten**
- **1 gelbe Paprikaschote**
- **50 g Butter**

Außerdem:

- **Küchengarn oder Rouladennadeln**

1 In einem großen Topf reichlich Wasser zum Kochen bringen. Salz hinzufügen (auf 1 l Wasser 1 Teelöffel Salz). Inzwischen von dem Wirsing die äußeren welken Blätter entfernen. Den Wirsing abspülen, den Strunk unten keilförmig herausschneiden. Den Wirsing so lange in kochendes Wasser legen, bis sich die äußeren Blätter lösen. Diesen Vorgang wiederholen, bis etwa 20 Blätter sich lösen lassen und etwas weich sind. Die Blätter abtropfen lassen und mit Küchenpapier trockentupfen. Die dicken Blattrippen flach schneiden. Restlichen Wirsing in feine Streifen schneiden.

2 Möhren putzen, schälen, waschen, abtropfen lassen, würfeln. Zwiebeln abziehen und ebenfalls würfeln. Zwei Esslöffel von dem Speiseöl und 20 g von der Margarine in einem Topf erhitzen. Wirsingstreifen, Möhren- und Zwiebelwürfel unter Rühren darin andünsten. Mit Salz, Pfeffer, Liebstöckel und Kümmel würzen.

3 Jeweils 2 Wirsingblätter übereinander auf eine Arbeitsfläche legen und ausbreiten. Das Gemüse darauf verteilen. Die Blätter seitlich einschlagen und aufrollen. Die Rouladen mit Küchengarn umwickeln oder mit Rouladennadeln zusammenhalten.

4 Restliches Speiseöl in einem Bräter erhitzen. Die Rouladen (evtl. in 2 Portionen) von allen Seiten darin anbraten. Restliche Margarine hinzufügen. Gemüsebrühe hinzugießen. Den Bräter auf dem Rost in den Backofen schieben.

Ober-/Unterhitze: etwa 180 °C (vorgeheizt)
Heißluft: etwa 160 °C (nicht vorgeheizt)
Gas: Stufe 2–3 (nicht vorgeheizt)
Garzeit: etwa 40 Min.

5 Die Kohlrouladen aus dem Bräter nehmen (Küchengarn oder Rouladennadeln entfernen), auf einer Platte anrichten und warm stellen.

6 Zum Garnieren Paprika halbieren, entstielen, entkernen, die weißen Scheidewände entfernen. Schoten waschen, trockentupfen und in Würfel schneiden. Butter in einer Pfanne zerlassen. Paprikawürfel kurz darin andünsten. Die Kohlrouladen mit den Paprikawürfeln garniert servieren.

Kartoffelrouladen

Zubereitungszeit: 70 Min., ohne Abkühl- und Durchziehzeit
Garzeit: etwa 30 Min. je Backblech

Pro Portion:
E: 26 g, F: 28 g, Kh: 27 g, kJ: 1943, kcal: 464

Für die Füllung:
- **500 g Paprikaschoten (rot, grün, gelb)**
- **1–2 Knoblauchzehen**
- **8 EL Olivenöl**
- **Salz, Pfeffer, 1/2 TL getrockneter Majoran**
- **200 g Feta- oder Schafkäse**
- **500 g Gehacktes (halb Rind-, halb Schweinefleisch)**
- **1 Ei, Paprikapulver edelsüß**

- **6 große Kartoffeln (je 280 g, mind. 12 cm lang)**

Für die Sauce:
- **1 Bund Schnittlauch**
- **1 Glas eingelegter Kürbis (Abtropfgewicht 200 g)**
- **500 g Speisequark (20 % Fett)**
- **1 Becher (150 g) Sahnejoghurt**
- **gemahlener Koriander**

1 Für die Füllung Paprika halbieren, entstielen, entkernen, die weißen Scheidewände entfernen. Die Schoten waschen, trockentupfen und in Würfel schneiden. Knoblauch abziehen und in Scheiben schneiden.

2 Zwei Esslöffel von dem Olivenöl in einer Pfanne erhitzen. Paprikawürfel hinzugeben und etwa 5 Minuten darin dünsten. Mit Salz, Pfeffer und Majoran würzen. Abkühlen lassen.

3 Feta- oder Schafkäse mit den Händen zerbröseln und in eine Schüssel geben. Gehacktes, Ei und Paprikawürfel hinzugeben. Die Zutaten gut vermengen. Mit Salz, Pfeffer und Paprika würzen.

4 Kartoffeln waschen, schälen, abspülen und trockentupfen. Kartoffeln der Länge nach in dünne Scheiben schneiden (evtl. mit einem Gemüsehobel). Kartoffelscheiben auf mehreren Backblechen ausbreiten, mit Salz bestreuen und etwa 10 Minuten ziehen lassen.

5 Kartoffelscheiben mit Küchenpapier trockentupfen. Für 1 Roulade jeweils 3–4 Scheiben der Länge nach so nebeneinander legen, dass sie etwa zur Hälfte überlappen. Etwas von der Füllung auf das untere Drittel der Kartoffelscheiben geben und aufrollen. Rouladen mit der Nahtseite nach unten auf 2 Backbleche (mit Backpapier belegt) legen.

6 Die Rouladen mit dem restlichen Olivenöl bestreichen. Die Backbleche nacheinander (bei Heißluft zusammen) in den Backofen schieben.

Ober-/Unterhitze: etwa 200 °C (vorgeheizt)
Heißluft: etwa 180 °C (vorgeheizt)
Gas: Stufe: 3–4 (vorgeheizt)
Garzeit: etwa 30 Min. je Backblech.

7 Für die Sauce Schnittlauch abspülen, trockentupfen und in kleine Röllchen schneiden. Kürbisstücke in einem Sieb abtropfen lassen und klein schneiden. Quark mit Joghurt, Schnittlauchröllchen und Kürbisstückchen verrühren. Mit Salz, Pfeffer und Koriander würzen. Die Rouladen mit der Sauce servieren.

Tipp:
Die Kartoffeln in zwei Portionen hobeln und salzen. Bintje und Afra sind Kartoffelsorten mit sehr großen Kartoffeln.

Kleine Auberginenrouladen

Zubereitungszeit: 65 Min., ohne Durchziehzeit
Garzeit: etwa 25 Min. je Backblech

Pro Portion:
E: 13 g, F: 21 g, Kh: 5 g, kJ: 1104, kcal: 263

- **2 Auberginen (je etwa 250 g)**
- **Salz**
- **50 g abgezogene, gehackte Mandeln**
- **150 g Staudensellerie**
- **250 g Magerquark**
- **4 EL Olivenöl**
- **frisch gemahlener Pfeffer**
- **250 g Salami in dünnen Scheiben (48 Scheiben)**

Für die Sauce:

- **2 Zwiebeln**
- **1–2 Knoblauchzehen**
- **2 EL Olivenöl**
- **1 Pck. (500 g) stückige Tomaten**
- **1 Bund glatte Petersilie**
- **1 Bund Schnittlauch**
- **frisch gemahlener Pfeffer**

Außerdem:

- **24 Holzstäbchen**

1 Auberginen waschen, trockentupfen und die Stängelansätze abschneiden. Auberginen der Länge nach in etwa 2 mm dicke Scheiben schneiden (evtl. mit einem Gemüsehobel oder mit einer Aufschnittmaschine). 24 möglichst gleich große Scheiben nebeneinander auf Backbleche legen und mit Salz bestreuen. 30 Minuten ziehen lassen.

2 Mandeln in einer Pfanne ohne Fett goldbraun rösten. Abkühlen lassen. Staudensellerie putzen, die harten Außenfäden entfernen. Sellerie waschen, abtropfen lassen, klein würfeln. Quark mit Mandeln, Selleriewürfeln und 2 Esslöffel von dem Olivenöl verrühren. Mit Salz und Pfeffer würzen.

3 Auberginenscheiben mit Küchenpapier trockentupfen und mit jeweils 2 Salamischeiben belegen. Quark-Sellerie-Masse darauf verteilen. Auberginenscheiben von der schmalen Seite her aufrollen und mit einem Holzstäbchen feststecken.

4 Die Auberginenrouladen auf 2 Backbleche (mit Olivenöl gefettet) legen und mit dem restlichen Olivenöl bestreichen. Backbleche nacheinander (bei Heißluft zusammen) in den Backofen schieben.

Ober-/Unterhitze: etwa 200 °C (vorgeheizt)
Heißluft: etwa 180 °C (vorgeheizt)
Gas: Stufe 3–4 (vorgeheizt)
Garzeit: etwa 25 Min. je Backblech.

5 Für die Sauce Zwiebeln und Knoblauch abziehen. Zwiebeln in kleine Würfel und Knoblauch in Scheiben schneiden. Olivenöl erhitzen. Zwiebelwürfel und Knoblauchscheiben darin glasig dünsten. Tomatenstücke hinzugeben, etwa 5 Minuten ohne Deckel kochen lassen.

6 Petersilie und Schnittlauch abspülen und trockentupfen. Von der Petersilie die Blättchen von den Stängeln zupfen. Blättchen(einige Blättchen beiseite legen) fein hacken. Schnittlauch in Röllchen schneiden, ebenfalls einige Röllchen beiseite legen.

7 Die Rouladen von den Backblechen nehmen (Holzstäbchen entfernen), auf einer vorgewärmten Platte anrichten und warm stellen. Den Bratensud mit der Sauce verrühren. Petersilie und Schnittlauchröllchen unterrühren. Die Sauce mit Salz und Pfeffer würzen. Die Rouladen mit der Sauce servieren. Mit den beiseite gelegten Petersilienblättchen und Schnittlauchröllchen garnieren.

Zucchinirouladen mit Polenta und Pilzen

Zubereitungszeit: 80 Min., ohne Einweich-, Durchzieh- und Abkühlzeit
Backzeit: 20–25 Min.

Pro Portion:
E: 10 g, F: 21 g, Kh: 32 g, kJ: 1493, kcal: 356

- **40 g getrocknete Steinpilze**
- **750 ml (3/4 l) Gemüsebrühe**
- **8 Zucchini (je etwa 200 g)**
- **Salz, 1 Möhre, 1 Bund Schnittlauch**
- **70 g Butter**
- **300 g Maisgrieß (Polenta)**
- **3 Eier (Größe M)**
- **Pfeffer, 6 EL Olivenöl**

Für die Gemüsesauce:

- **200 g Zwiebeln**
- **2–3 Knoblauchzehen**
- **2 rote Paprikaschoten (etwa 300 g), 4 EL Olivenöl**
- **2 TL getrockneter Thymian**
- **1 Bund glatte Petersilie**

Außerdem:

- **Holzstäbchen**

1 Pilze mit kaltem Wasser abspülen, abtropfen lassen. Brühe zum Kochen bringen, von der Kochstelle nehmen. Pilze darin einweichen. Zucchini waschen, abtrocknen, Enden abschneiden. 5 Zucchini in dünne Scheiben hobeln (etwa 16 Scheiben je Zucchini), auf ein Backblech legen, mit Salz bestreuen. Die restlichen Zucchini würfeln, beiseite stellen. Möhre putzen, schälen, waschen, in kleine Würfel schneiden. Schnittlauch abspülen, trockentupfen, klein schneiden.

2 Pilze mit Brühe und Butter zum Kochen bringen. Möhren hinzugeben, Maisgrieß unter Rühren einstreuen, zum Kochen bringen, etwa 2 Minuten unter Rühren bei schwacher Hitze kochen lassen, von der Kochstelle nehmen. Eier einzeln mit Handrührgerät mit Knethaken unter die Masse rühren. Mit Salz und Pfeffer kräftig würzen. Schnittlauch unterrühren. Abkühlen lassen.

3 Zucchinischeiben vom Backblech nehmen, trockentupfen. Für jede Roulade 4 Zucchinischeiben der Länge nach überlappend aneinander legen. Grießmasse auf die untere Hälfte der Zucchinischeiben streichen, von unten nach oben aufrollen, leicht andrücken (insgesamt 20 Rouladen), mit Holzstäbchen zusammenhalten. Etwas Olivenöl in einem Bräter erhitzen. Rouladen portionsweise darin anbraten, herausnehmen, auf ein Backblech (mit Backpapier belegt) legen. Das Backblech in den Backofen schieben.

Ober-/Unterhitze: etwa 200 °C (vorgeheizt)
Heißluft: etwa 180 °C (vorgeheizt)
Gas: Stufe 3–4 (vorgeheizt)
Backzeit: 20–25 Min.

4 Für die Sauce Zwiebeln und Knoblauch abziehen, würfeln. Paprika halbieren, entstielen, entkernen, weiße Scheidewände entfernen. Schoten waschen, würfeln. Olivenöl in einem Topf erhitzen. Zwiebel-, Knoblauch-, Paprikawürfel und Thymian hinzugeben, mit Salz würzen, zugedeckt etwa 10 Minuten bei schwacher Hitze dünsten. Zucchiniwürfel hinzufügen, weitere 10 Minuten dünsten. Petersilie abspülen, trockentupfen. Blättchen von den Stängeln zupfen (einige Blättchen beiseite legen), fein hacken. Sauce mit Salz und Pfeffer abschmecken, Petersilie unterrühren, auf eine große Platte füllen, Rouladen (Holzstäbchen entfernen) darauf anrichten. Mit Petersilienblättchen garnieren.

Blätterteigrouladen

Zubereitungszeit: 50 Min., ohne Auftau- und Abkühlzeit
Backzeit: 25–30 Min. je Backblech

Pro Portion:
E: 20 g, F: 48 g, Kh: 51 g, kJ: 3007, kcal: 719

- **2 Pck. (je 450 g, je 10 Platten) TK-Blätterteig**
- **400 g Kohlrabi**
- **600 g Möhren**
- **250 g Zucchini**
- **1 Gemüsezwiebel (etwa 350 g)**
- **40 g Butter oder Margarine**
- **Salz**
- **1 Bund Koriander**
- **2 Pck. (je 200 g) Doppelrahm-Frischkäse**
- **Cayennepfeffer**

Zum Bestreichen:
- **2–3 EL Milch**

Für die Sauce:
- **1 Glas (150 ml) Mango-Chutney**
- **500 g Speisequark**
- **1 Becher (150 g) Crème fraîche**

1 Blätterteigplatten zugedeckt nach Packungsanleitung auftauen lassen. Kohlrabi und Möhren putzen, schälen, waschen und abtropfen lassen. Zucchini waschen, abtrocknen und die Enden abschneiden. Kohlrabi, Möhren und Zucchini in feine Streifen schneiden. Gemüsezwiebel abziehen, halbieren und in dünne Streifen schneiden.

2 Butter oder Margarine in einem Topf zerlassen, Zwiebelstreifen darin glasig dünsten. Kohlrabi- und Möhrenstreifen hinzufügen und mit andünsten. Mit Salz würzen. Die Zutaten zugedeckt bei schwacher Hitze etwa 10 Minuten garen. Zucchinistreifen unterheben, abkühlen lassen.

3 Jeweils 2 Blätterteigplatten aufeinander legen und auf einer bemehlten Arbeitsfläche zu je einem Quadrat (etwa 28 x 28 cm) ausrollen. Koriander abspülen und trockentupfen. Die Blättchen von den Stängeln zupfen. Blättchen fein hacken.

4 Das Gemüse in einem Sieb abtropfen lassen, Gemüsewasser dabei auffangen und 6 Esslöffel davon abmessen. Frischkäse mit dem Gemüsewasser verrühren. Das Gemüse mit Salz und Cayennepfeffer würzen. Koriander unterrühren.

5 Blätterteigquadrate halbieren und mit der Frischkäsemasse bestreichen, rundherum einen etwa 1 cm breiten Rand frei lassen. Gemüse auf der Frischkäsemasse verteilen. Teigplatten locker aufrollen.

6 Die Blätterteigrouladen mit der Nahtseite nach unten auf 2 Backbleche (mit Backpapier belegt) legen und mit Milch bestreichen. Die Rouladen jeweils mit einem scharfen Messer 2–3 mal schräg einschneiden. Die Backbleche nacheinander (bei Heißluft zusammen) in den Backofen schieben.

Ober-/Unterhitze: etwa 200 °C (vorgeheizt)
Heißluft: etwa 180 °C (vorgeheizt)
Gas: Stufe 3–4 (vorgeheizt)
Backzeit: 25–30 Min. je Backblech.

7 Für die Sauce Mango-Chutney (große Fruchtstücke klein schneiden) mit Quark und Crème fraîche verrühren. Mit Salz abschmecken. Die Blätterteigrouladen heiß oder kalt mit der Sauce servieren.

Tipp:
Anstelle von Mango-Chutney kann die Sauce auch mit 2 Bechern Crème fraîche zubereitet werden. Mit 2 Esslöffeln Currypulver und Salz würzen.

Polenta-Rouladen

Zubereitungszeit: 80 Min., ohne Antau- und Abkühlzeit
Backzeit: 20–25 Min. je Backblech

Pro Portion:
E: 19 g, F: 30 g, Kh: 35 g, kJ: 2057, kcal: 492

Für die Füllung:
- **1 Pck. (450 g) TK-Blattspinat**
- **1 kg Porree (Lauch)**
- **50 g Butter, Salz**
- **frisch gemahlener Pfeffer**
- **geriebene Muskatnuss**

Für die Polenta:
- **1 l Gemüsebrühe**
- **2 EL Olivenöl**
- **250 g Polentagrieß**
- **1 Ei (Größe M)**
- **100 g Sonnenblumenkerne**
- **300 g Tomatenmark**
- **150 g geriebener Höhlen- oder mittelalter Gouda-Käse**
- **50 g geriebener Parmesan-Käse**

Für die Sauce:
- **4 Tomaten (etwa 250 g)**
- **3 Becher (je 150 g) Sahnejoghurt**
- **100 g Tomatenmark**
- **4–5 EL Tomatenketchup**
- **1 Becher (150 g) Crème fraîche**
- **Zucker**

1 Für die Füllung Spinat antauen lassen. Porree putzen, Stangen längs halbieren, waschen, abtropfen lassen, quer in Streifen schneiden. Butter in einem Topf zerlassen, Porreestreifen darin andünsten, Spinat hinzugeben, etwa 10 Minuten zugedeckt bei mittlerer Hitze garen, gelegentlich umrühren, weitere 5 Minuten im offenen Topf garen, die Flüssigkeit verdampfen lassen. Gemüse mit Salz, Pfeffer und Muskat würzen. Abkühlen lassen.

2 Für die Polenta Brühe und Olivenöl in einem hohen Topf zum Kochen bringen, von der Kochstelle nehmen, Grieß einrieseln lassen, unter Rühren zum Kochen bringen (Achtung, spritzt !), etwa 15 Minuten bei schwacher Hitze unter Rühren garen. Ei unterrühren. Mit Salz abschmecken. Polenta auf 2 Backbleche (30 x 40 cm, mit Backpapier belegt) streichen, abkühlen lassen.

3 Sonnenblumenkerne in einer Pfanne ohne Fett goldbraun rösten. Abkühlen lassen. Polentaplatten quer halbieren. Tomatenmark darauf verteilen. Mit Salz und Pfeffer würzen. Gemüse darauf geben, dabei rundherum einen etwa 2 cm breiten Rand frei lassen. Gemüse mit Sonnenblumenkernen bestreuen. Die Platten von der langen Seite her aufrollen, in je 4–5 Stücke schneiden, auf zwei Backbleche (mit Backpapier belegt) legen. Höhlen- oder Gouda- und Parmesan-Käse mischen, auf den Rouladen verteilen. Backbleche nacheinander (bei Heißluft zusammen) in den Backofen schieben.

Ober-/Unterhitze:
etwa 200 °C (vorgeheizt)
Heißluft: etwa 180 °C (vorgeheizt)
Gas: Stufe 3–4 (vorgeheizt)
Backzeit: 20–25 Min. je Backblech.

4 Für die Sauce Tomaten waschen, abtropfen lassen, kreuzweise einschneiden, kurz in kochendes Wasser legen. Tomaten in kaltem Wasser abschrecken, enthäuten, halbieren, entkernen, Stängelansätze herausschneiden. Fruchtfleisch in Würfel schneiden. Joghurt mit Tomatenmark, Ketchup, Crème fraîche und Tomatenwürfeln verrühren. Mit Salz, Pfeffer und Zucker würzen. Die Rouladen heiß oder kalt mit der Sauce servieren.

Pfannkuchen-Rouladen

Zubereitungszeit: 2 Std., ohne Antauzeit
Backzeit: 15–20 Min. je Fettfangschale

Pro Portion:
E: 26 g, F: 47 g, Kh: 41 g, kJ: 2910, kcal: 695

Für die Füllung:

- **4 Zwiebeln, 1 kg Möhren**
- **400 g Knollensellerie**
- **50 g Butter, Salz**
- **1 ½ Pck. (675 g) TK-Blattspinat**
- **2 Kartoffeln (etwa 250 g)**
- **frisch gemahlener Pfeffer**
- **geriebene Muskatnuss**

Für den Teig:

- **375 g Dinkelvollkornmehl**
- **½ gestr. TL Backpulver**
- **½ TL gemahlener Koriander**
- **350 ml Mineralwasser**
- **200 ml Milch**
- **4 Eigelb (Größe M)**
- **3 Eier (Größe M)**
- **4 Eiweiß (Größe M)**

- **etwa 10 EL Speiseöl**

Für den Guss:

- **500 ml (½ l) Milch**
- **250 ml (¼ l) Schlagsahne**
- **2 Eier (Größe M)**
- **170 g geriebener Emmentaler-Käse**

Zum Beträufeln:

- **70 g Butter**

1 Für die Füllung Zwiebeln abziehen, halbieren, in Streifen schneiden. Möhren und Sellerie putzen, schälen, waschen, in feine Streifen schneiden. Butter in einem Topf zerlassen. Zwiebelstreifen darin glasig dünsten, Möhren- und Selleriestreifen hinzugeben, mit Salz würzen, zugedeckt etwa 5 Minuten dünsten lassen.

2 Spinat etwas antauen lassen. Kartoffeln waschen, schälen, abspülen, abtropfen lassen, in feine Streifen schneiden. Kartoffelstreifen und Spinat zum Gemüse geben, zugedeckt 15–20 Minuten bei schwacher Hitze garen, dabei gelegentlich umrühren. Mit Salz, Pfeffer und Muskat würzen. Abkühlen lassen.

3 Für den Teig Dinkelmehl, Backpulver, Koriander und Salz mischen, in eine Rührschüssel geben. Mineralwasser, Milch, Eigelb und Eier unterrühren. Eiweiß steif schlagen, unterheben.

4 Jeweils etwas von dem Speiseöl in einer Pfanne (Ø 26 cm) erhitzen, eine dünne Teiglage hineingeben, den Pfannkuchen von beiden Seiten bei mittlerer Hitze hellbraun backen. Pfannkuchen auf einem Backblech abkühlen lassen. Aus dem restlichen Teig weitere 19 Pfannkuchen backen. Die Füllung auf den Pfannkuchen verteilen. Pfannkuchen aufrollen. Jeweils 10 Rouladen mit der Nahtseite nach unten in je eine Fettfangschale (gefettet) legen.

5 Für den Guss Milch, Sahne und Eier verschlagen. Mit Salz, Pfeffer und Muskat würzen. Den Guss in die Fettfangschalen gießen. Pfannkuchen mit Käse bestreuen. Die Fettfangschalen nacheinander (bei Heißluft zusammen) in den Backofen schieben.

Ober-/Unterhitze: etwa 200 °C (vorgeheizt)
Heißluft: etwa 180 °C (vorgeheizt)
Gas: Stufe 3–4 (vorgeheizt)
Backzeit: 15–20 Min. je Fettfangschale.

6 Zum Beträufeln Butter zerlassen, bis sie zu bräunen beginnt. Die Rouladen mit der Butter beträufeln und sofort servieren.

Alphabetisches Register

Themenregister

Rinderrouladen

Kalbfleischrouladen

Schweinerouladen

Geflügelrouladen

Fischrouladen

Vegetarische Rouladen

Sonstige Rouladen

In dieser Reihe sind bisher außerdem erschienen: *Party-Pasta, Party-Pizza, Party-Aufläufe, Party-Braten, Party-Dips, Party-Drinks, Party-Grillen, Party-Salate, Party-Snacks, Party-Suppen* und *Schnelle Partyrezepte.*
Sie erhalten diese Bücher im Buchhandel.

Umwelthinweis Dieses Buch und der Einband wurden auf chlorfrei gebleichtem Papier gedruckt. Die Einschrumpffolie – zum Schutz vor Verschmutzung – ist aus umweltfreundlichem und recyclingfähigem PE-Material.

Wenn Sie Anregungen, Vorschläge oder Fragen zu unseren Büchern haben, rufen Sie uns unter folgender Nummer an 0521 155-2580 oder 520650 oder schreiben Sie uns: Dr. Oetker Verlag KG, Am Bach 11, 33602 Bielefeld.

Redaktion Carola Reich, Annette Riesenberg

Titelfoto Thomas Diercks, Hamburg
Innenfotos Thomas Diercks, Hamburg (S. 4–45, 49, 53, 57, 61–93)
Brigitte Wegner, Bielefeld (S. 51)
Norbert Toelle, Bielefeld (S. 59)
Christiane Pries, Borgholzhausen (S. 47)
Herbert Maas, Hamburg (S. 55)

Rezeptentwicklung und -beratung Anke Rabeler, Hamburg
Mechthild Plogmaker, Dr. Oetker Versuchsküche

Nährwertberechnungen Nutri Service, Hennef

Grafisches Konzept Björn Carstensen, Hamburg
Gestaltung M•D•H Haselhorst, Bielefeld
Einbandgestaltung KonturDesign, Bielefeld

Reproduktionen Kruse Reproduktionen GmbH, Vreden
Satz JUNFERMANN Druck & Service, Paderborn
Druck und Bindung APPL Druck GmbH & Co. KG, Wemding

ISBN 3-7670-0640-5